W0460901

ENDLICH Weihnachten

Endlich Weihnachten

Geschichten, Rezepte und Ideen für die schönste Zeit des Jahres

Rezepte, Bastelanleitungen und Foodstyling
Bernadette Wörndl

Texte
Caroline Metzger

Fotografie
Kathrin Gollackner

arsEdition

Endlich Weihnachten!

Wenn die Tage kürzer werden, wir Haube, Schal und Schlitten vom Dachboden holen und vielleicht sogar die ersten Schneeflocken sanft vom Himmel fallen, dann ist es wieder so weit: Die Vorweihnachtszeit nimmt uns sanft in die Arme.

Diese besondere Zeit des Jahres lädt uns ein, innezuhalten, die Hektik des Alltags hinter uns zu lassen und uns auf das Wesentliche zu besinnen – die Zeit mit unseren Liebsten. Wir kuscheln uns in Decken, genießen eine Tasse heißen Kakao und spüren die Vorfreude auf das Fest.

Die Zeit rund um Weihnachten gehört nicht nur der Familie, sie ist auch die Zeit, in der wir unsere Freunde einladen und gemeinsam die festliche Stimmung genießen. Es gibt kaum etwas Schöneres, als die Feiertage mit den Menschen zu verbringen, die uns besonders am Herzen liegen, und zusammen unvergessliche Momente zu schaffen. Wir versammeln uns um den Tisch, erzählen Geschichten, kochen und backen gemeinsam und lassen unserer Kreativität beim Basteln von Weihnachtsschmuck freien Lauf. Diese kleinen, aber kostbaren Momente erwärmen das Herz und lassen die Vorfreude auf das Fest immer größer werden.

Für mich ist Essen ein Ausdruck von Liebe, und das Kochen eine Kunst. Doch keine Sorge! Beim Kochen und Essen geht es nicht um Perfektion, sondern um die Freude, die wir miteinander teilen. Für dieses Weihnachtsbuch habe ich eine liebevolle Auswahl an Gerichten zusammengestellt, die nicht nur köstlich sind, sondern auch Emotionen hervorrufen. Von traditionellen Klassikern, die nach Kindheit schmecken, bis hin zu modernen Kreationen, die einen Abend mit Freunden zu etwas Besonderem machen – jedes Rezept birgt seine eigene Geschichte und bringt ein Stück Weihnachtszauber ins Haus. Neben Rezepten für den Frühstückstisch, den Adventsnachmittag oder das festliche Dinner finden sich auch kreative Bastelideen, die das Zuhause verschönern, sowie kleine kulinarische Geschenke, die Freude verbreiten.

Das Erzählen von Geschichten ist ein weiterer wichtiger Bestandteil der Weihnachtszeit. Ob es sich um alte Märchen handelt, die wir als Kinder gehört haben, oder um persönliche Anekdoten, die wir mit unseren Liebsten teilen – diese Erzählungen schaffen eine besondere Atmosphäre und verbinden uns miteinander. Oft versammeln wir uns am Kamin oder Tisch, um Geschichten auszutauschen, die uns zum Lachen bringen oder zum Nachdenken anregen. Traditionen wie das gemeinsame Singen von Weihnachtsliedern oder das Basteln von Geschenken stärken das Gemeinschaftsgefühl und machen die Feiertage unvergesslich. Diese Rituale, die von Generation zu Generation weitergegeben werden, sind das Herzstück der Weihnachtszeit und tragen dazu bei, dass wir uns geborgen und verbunden fühlen.

Genießen wir also nicht nur die köstlichen Rezepte und festlichen Aromen, sondern auch die Geschichten und Traditionen, die diese Zeit so besonders machen. Mögen sie uns inspirieren, die Magie von Weihnachten in vollen Zügen zu erleben und unvergessliche Erinnerungen zu schaffen.

Bernadette Wörndl

Inhaltsverzeichnis

103
Vorbereitungen für den Weihnachtsabend

171
Das Tor zwischen den Welten

13
Vom Zauber der Vorweihnachtszeit

Rezepte

Frühstück

Adventsnachmittag

Geschenke aus der Küche

Vorspeise

Hauptgang

Dessert

Basteln & Dekorieren

Geschichten, Märchen & Lieder

Vom Zauber der Vorweihnachtszeit

Vorfreude ist die schönste Freude

Die schönste Zeit des Jahres

Endlich! Nicht nur für Kinder ist Weihnachten die schönste Zeit des Jahres: Vier Wochen lang sorgen althergebrachte Rituale, überlieferte und neu geschaffene Familientraditionen oder individuelle Gepflogenheiten für ganz besondere Stimmung, bevor an Heiligabend der Höhepunkt der Weihnachtszeit mit einem mal besinnlichen, mal beschwingten Fest gefeiert wird. In diesen vier Wochen wird gebacken und gebastelt, geschlemmt und genossen, gesungen und erzählt oder auch gebetet – es ist in jeder Hinsicht eine festliche Zeit und eine, in der das Gemeinsame im Mittelpunkt steht.

Dabei sind die äußeren Umstände eigentlich nicht sehr einladend: Der Winter kommt nun auch aus astronomischer Sicht in Gang, die Temperaturen sind niedrig, die Tage kurz und die Nächte umso länger. Die Natur hat sich zurückgezogen und in die Winterruhe verabschiedet. Doch genau deshalb wohnt dieser stillen Zeit ein außergewöhnlicher Zauber inne. Gerade auf den Höfen in den Bergen ist der Winter seit jeher die Zeit im Jahr, in der ein großer Teil der Arbeit ruht und man sich gern alten Bräuchen widmet. Sie dienen oft dem Schutz und dem Wohlergehen der Bewohnerinnen und Bewohner – und erlauben mitunter auch einen Blick in die Zukunft und Antworten auf die Frage, was das kommende Jahr wohl bringen mag. Egal, ob in der bäuerlichen Stube oder im städtischen Wohnzimmer.

Über die Zukunft orakeln, den Duft nach allen möglichen Leckereien aus der Küche genießen, kleine Geschenke für die Liebsten herstellen und gemeinsam Geschichten lauschen – willkommen in der besinnlichsten, festlichsten und kuscheligsten Zeit des Jahres. Frohe Weihnachten!

Wo Weihnachten am schönsten ist

Es gibt Orte, die einfach magisch sind – ganz besonders rund um Weihnachten. Und manche dieser Orte haben auch noch eine ganz besondere Bedeutung: Die Geburtsstätte des berühmtesten Weihnachtsliedes der Welt ist auch ein Platz zum Innehalten und Zur-Ruhe-Kommen. Anderswo ist der Geist der Weihnacht zum Greifen nah, wenn sich das Friedenslicht aus Bethlehem auf der Wasseroberfläche spiegelt. Und auf so manchem Weihnachtsmarkt darf man sich auch gern selbst ein Geschenk machen.

Stille-Nacht-Kapelle Oberndorf

Im beschaulichen Städtchen Oberndorf bei Salzburg befindet sich einer der wichtigsten weihnachtlichen Orte des ganzen Landes: Hier steht die kleine Stille-Nacht-Kapelle genau an der Stelle jener Kirche, in der am 24. Dezember 1818 erstmals das wohl berühmteste Weihnachtslied der Welt erklang. Schon seit dem 12. Jahrhundert befand sich das dem heiligen Nikolaus gewidmete, bescheidene Gotteshaus hier, und die Bewohnerinnen und Bewohner der umliegenden Siedlungen trafen sich regelmäßig zu Andacht und Gebet.

So auch am Weihnachtsabend des Jahres 1818, an dem zwei Musiker ihre neueste Komposition zum Besten gaben: Der Pfarrer und Dichter Joseph Mohr hatte den Text verfasst, die Melodie stammte vom Organisten und Komponisten Franz Xaver Gruber. Gemeinsam trugen sie ihr neues Werk mit dem Namen „Stille Nacht, Heilige Nacht" nun vor – Mohr übernahm die Tenorstimme und begleitete das Lied mit der Gitarre, Gruber sang die Bassstimme. Was sie damals noch nicht wussten: Sie hatten ein Weihnachtslied geschaffen, das bis heute in unzähligen Versionen, Übersetzungen und Interpretationen rund um den Globus geliebt wird.

Fast 100 Jahre nach der Uraufführung des Liedes war die Nikolauskirche durch mehrere Hochwasser

Wie sehr Weihnachtsfans „Stille Nacht" lieben, zeigt sich auch an der Beliebtheit der Stille-Nacht-Kapelle: Auf der ganzen Welt existieren mehrere detailgetreue Nachbauten des kleinen Gotteshauses. In einer kleinen Stadt im US-amerikanischen Bundesstaat Michigan steht sogar eine in Originalgröße.

Wer nicht persönlich dabei sein kann, wenn „Stille Nacht" am Ort seiner Entstehung erklingt, kann der Messe und dem Gesang mittlerweile virtuell beiwohnen: Seit einigen Jahren wird der weihnachtliche Gottesdienst in der Stille-Nacht-Kapelle live im Internet übertragen.

derart in Mitleidenschaft gezogen, dass man sich 1910 dazu entschloss, die desolaten Überreste abzutragen. Stattdessen sollte ein neuer Ort des Glaubens entstehen. „Stille Nacht, Heilige Nacht" war längst weltberühmt, und so entschied man sich, dem Lied und seinen Schöpfern ein Denkmal zu bauen.

1935 wurde die neue, achteckige Kapelle feierlich eröffnet, gemeinsam mit dem benachbarten Museum ist sie heute vor allem in der Adventszeit Anziehungspunkt für Besuch aus aller Welt. Und jedes Jahr am Weihnachtsabend gedenkt man dem denkwürdigen Tag vor über 200 Jahren: Dann erklingt „Stille Nacht, Heilige Nacht" im Rahmen einer feierlichen Gedächtnismesse in mehreren Sprachen an genau jenem Ort, an dem es zum allerersten Mal vorgetragen wurde.

Nürnberger Christkindlesmarkt

Der Nürnberger Christkindlesmarkt ist einer der berühmtesten seiner Art auf der ganzen Welt und auch einer der ältesten. Zum ersten Mal wörtlich erwähnt wurde er im Jahre 1628: In einer kleinen Holzschachtel, in der sich Verkaufsartikel befunden haben dürften, fand man die Jahreszahl sowie die Bezeichnung „Kindles-Marck". Einige Jahrzehnte später tauchte der Name „Christkeindleinsmarck" in einer schriftlichen Stadtchronik auf – es ist anzunehmen, dass der Markt schon zu dieser Zeit ein Fixpunkt im Advent war. Auch ein Verzeichnis jener Kaufleute, die am Markt ihre Waren feilbieten durften, wurde gefunden.

In den folgenden Jahrhunderten verlor der Markt jedoch an Bedeutung und musste von seinem angestammten Ort im Herzen Nürnbergs weichen und mehrmals umziehen. Erst in den frühen 1930er-Jahren kehrte er ins Stadtzentrum zurück und ist heute einer der bezauberndsten Weihnachtsmärkte der Welt.

Das liegt nicht nur an der Vielfalt der Waren und Köstlichkeiten, die auf dem Platz inmitten der historischen Häuser angeboten werden, sondern auch an der traditionellen Eröffnungszeremonie, die jährlich am Freitag vor dem ersten Adventssonntag stattfindet: Ein junges Mädchen tritt hoch oben auf der Empore der Frauenkirche als Nürnberger Christkind auf. Mit musikalischer Untermalung durch Chöre, dem Glockenläuten der Kirche und dem vom Christkind rezitierten Prolog wird der Markt Jahr für Jahr feierlich eröffnet.

Längst nicht jede kann ein Nürnberger Christkind werden: Das Mädchen, das den Christkindlesmarkt als Christkind verkleidet feierlich eröffnen darf, muss eine ganze Reihe von Vorgaben erfüllen, repräsentiert es doch nicht nur den Markt, sondern auch Nürnberg selbst. Das Christkind muss deshalb schon längere Zeit in der Stadt wohnhaft und 1,60 Meter groß sein. Für seinen Auftritt auf der Empore der Kirche muss es außerdem schwindelfrei und auch wetterfest sein. Und es muss Zeit mitbringen, denn in der Adventszeit tritt das Nürnberger Christkind bei zahlreichen Veranstaltungen auf.

Mariazeller Advent

Mitten im steirischen Bergland liegt ein besonders traditionsreicher religiöser Ort: Schon im frühen Mittelalter soll der Legende nach ein Mönch mit einer Marienstatue im Gepäck hier angekommen sein. Um die Bewohnerinnen und Bewohner der kleinen Gemeinde zu missionieren, ihnen Seelsorge und Trost zu spenden, errichtete er eine kleine Zelle auf dem Dorfplatz. So entstand der Name der heutigen Siedlung, in die immer mehr Menschen pilgerten; die Habsburger ernannten den Ort sogar zum Reichsheiligtum.

Der Bau der berühmten Basilika begann im 14. Jahrhundert, nach mehreren Erweiterungen in verschiedenen Baustilen ist sie heute einer der weltweit wichtigsten Wallfahrtsorte, in deren Zentrum noch immer die Statue der Maria steht.

Auch rund um Weihnachten ist die Basilika ein häufig und gern besuchter Ort, seit dem Jahr 2000 wird am Platz vor der Kirche ein Weihnachtsmarkt abgehalten. Dieser gehört somit zu den jüngeren seiner Art, ist aber durch die Kulisse der Basilika und der umliegenden, im Winter oft tief verschneiten Landschaft ein besonders schöner Anblick.

Besucher finden am Mariazeller Christkindlmarkt handgemachte Besonderheiten aus der Region, aber auch alle kulinarischen Klassiker, die zum Besuch eines Weihnachtsmarktes dazugehören. Neben Punsch, Keksen und Waffeln wird dabei eine süße Leckerei angeboten, die seit langer Zeit eine regionale Spezialität ist: Mariazell ist das Zuhause eines der bekanntesten – und besten – Lebkuchenproduzenten Österreichs. Das Gebäck gibt es hier deshalb in ausgezeichneter Qualität und besonders großer Vielfalt.

Mariazell ist einer der berühmtesten Wallfahrtsorte der Welt und verströmt rund um Weihnachten ganz besonderen Zauber.

Wolfgangseer Advent

Der Wolfgangsee im Salzkammergut, durch den die Grenze der Bundesländer Oberösterreich und Salzburg verläuft, ist eigentlich als Sommerdestination bekannt. In den Wochen vor Weihnachten verströmt die Gegend rund um die drei größten Orte Strobl, St. Gilgen und St. Wolfgang aber einen ganz besonderen Zauber. Die Region, in der Brauchtum ein wichtiger Bestandteil des Alltags ist, begeht den Advent mit verschiedenen, lange überlieferten Traditionen, zu denen volkstümliche Musik ebenso gehört wie Handwerkskunst und die typische Regionalküche.

Zur Untermalung schwimmt ein gigantisches Friedenslicht über den See. Die Laterne mit ihrer mehrere Meter hohen Kerze ist von weithin sichtbar. Auch zu den beschaulichen Weihnachtsmärkten in Strobl, St. Gilgen und St. Wolfgang gelangt man übers Wasser: Die Boote, die durch den See inmitten der winterlichen Berglandschaft kreuzen, bringen Besucherinnen und Besucher von einem zum anderen.

Weihnachtsmarkt Schloss Schönbrunn

Will man gleichzeitig in kaiserliches Ambiente eintauchen und sich in Weihnachtsstimmung bringen, dann ist der Weihnachtsmarkt vor dem Wiener Schloss Schönbrunn die richtige Adresse. Denn hier reihen sich die Marktstände auf dem großen Ehrenplatz direkt vor dem eindrucksvollen Gebäude aneinander. Die ehemalige Habsburgerresidenz gehört rund ums Jahr zu den meistbesuchten Attraktionen der Stadt, in der Vorweihnachtszeit verströmt das mondäne Schloss aber noch mehr märchenhafte Stimmung. Wenn es dunkel wird über der Stadt, erstrahlt die Fassade im legendären Schönbrunner Gelb in stimmungsvoller Beleuchtung, genauso wie der Weihnachtsbaum vor den Schlosstoren.

Wien gilt als Geburtsstätte der Weihnachts- und Adventsmärkte: Aufzeichnungen zeigen, dass in der Stadt schon 1296 ein vom Herzog genehmigter „Dezembermarkt" stattfand, auf dem verschiedene Händler ihre Waren anboten. Er gilt heute als der allererste Weihnachtsmarkt der Geschichte. Zwar ist anzunehmen, dass sich sein Erscheinungsbild über die Jahrhunderte deutlich gewandelt hat, der Markt wird aber noch immer abgehalten – heute gehört er zu den größten seiner Art und findet direkt vor dem beeindruckenden Wiener Rathaus statt. Auch im Rest der Stadt tut sich vor Weihnachten seit jeher viel, Aufzeichnungen zeigen, dass auch die Gassen rund um die heutige Shoppingmeile in der Innenstadt einst Schauplatz von vorweihnachtlichen Märkten waren. Ein Verzeichnis aus dem 16. Jahrhundert gibt sogar Auskunft über die beteiligten Händler, die in kleinen Hütten ihre Waren anboten – beliebt waren demnach vor allem Backwaren und Lebkuchen.

Der Schönbrunner Markt ist dagegen ein Jüngling – im Jahr 1994 wurde er zum ersten Mal vor seiner spektakulären Kulisse abgehalten. Angebot und Anzahl der Buden sind über die Jahre stetig gewachsen, inzwischen wird nicht nur Schönes und Gutes verkauft, man kann auch mit Blick auf das Schloss auf dem Eislaufplatz kleine Runden drehen.

Die Adventszeit

Bevor am 24. Dezember der Höhepunkt der Weihnachtszeit stattfindet, bereitet man sich auf der ganzen Welt mit unterschiedlichen Brauchtümern und Ritualen auf das große Fest vor. In katholisch und evangelisch geprägten Ländern weist der Name dieser besonderen Zeit auch auf ihre Bedeutung hin: Advent leitet sich vom lateinischen *adventus* für „Ankunft" ab, die ursprüngliche Bezeichnung lautete *adventus domini*, also wörtlich „Ankunft des Herrn". Im Römischen Reich meinte man damit vor allem einen Besuch des Hochadels, aber auch das Erscheinen von Gottheiten im Tempel. Heute wird mit dem Begriff auf die nahende Ankunft von Jesus Christus auf Erden hingewiesen.

Während die Adventszeit heutzutage oft von gesellschaftlichen Anlässen und kulinarischen Versuchungen von Punsch bis Keksen bestimmt ist, war sie zu Beginn genau das Gegenteil: Ab dem 5. Jahrhundert bereitete man sich in vielen christlichen Ländern mit Entsagung auf die Ankunft des Herrn vor – im Dezember wurde also gefastet, und zwar bis zum Weihnachtsfest, das damals noch am 6. Januar begangen wurde. Die Vorweihnachtszeit galt damals, ähnlich dem heute noch häufigen Brauch des Fastens vor Ostern, als besonders stille Zeit. Auch Feiern, Tanzen und ähnliche Aktivitäten waren nun verboten.

Offiziell beginnt die Adventszeit am Abend vor dem ersten Adventssonntag und dauert bis zum Weihnachtstag. Auch diese Vorgabe ist jahrhundertealt: Papst Gregor legte im 6. Jahrhundert die Anzahl der Adventssonntage auf vier fest. Gefastet wird heutzutage nur noch selten, stattdessen haben sich über die Jahrhunderte andere Rituale und Bräuche durchgesetzt, die verschiedenste Zwecke erfüllen – während der Adventskalender vor allem Kindern die Wartezeit bis Weihnachten verkürzen soll, stellt der Adventskranz mit seinen vier Kerzen auch im 21. Jahrhundert noch immer eine willkommene Möglichkeit zum Innehalten oder vorweihnachtlichem Beisammensein dar.

In den Städten und Dörfern der Alpen- und Voralpenregion ist der Advent eine Zeit der Besinnlichkeit und Gemütlichkeit. In vielen Familien ist es lange überlieferte und über viele Generationen weitergegebene Tradition, an den Adventssonntagen zusammenzukommen, gemeinsam Weihnachtslieder zu singen oder sich weihnachtliche Geschichten und Gedichte vorzulesen.

Tipps

Die Quitten sind gut vorzubereiten und halten sich samt Sud im Kühlschrank gut verschlossen bis zu 3 Wochen.

Der Pochiersud eignet sich zum Süßen von Müsli, Joghurt, Kuchen oder Drinks, z.B. einem Quitten-Negroni. Die Quitten selbst passen außerdem zu Granola, Schokoladenkuchen, Wildragout, Wintersalaten und zur Käseplatte.

Winterporridge

mit pochierten Quitten

Bevor es im Winter in die Eiseskälte hinausgeht, tut ein warmes Frühstück mit Gewürzen besonders gut. Oft mache ich gleich die doppelte Menge, denn meine Kinder freuen sich auch am Nachmittag über eine Schüssel Porridge, der mit geriebenem Apfel, Honig und einem Schuss Schlagsahne ergänzt schnell zum Comfort Food wird.

Für 4 Portionen

Für die pochierten Quitten

1 Bio-Zitrone
1 l Apfel- oder Birnensaft
3–4 Quitten
1 Vanilleschote
2 Kardamomkapseln
1 Zimtstange
2–3 Lorbeerblätter

Für den Porridge

250 g Haferflocken
1 gute Prise Salz
1 Msp. gemahlener Zimt plus mehr zum Bestreuen
250 ml Wasser
250 ml Milch
100 g Mandelhobel
1 EL Butter
evtl. Ahornsirup zum Beträufeln

1 Für die Quitten die Schale der Zitrone mit einem Sparschäler abziehen. Die Zitrone halbieren und den Saft auspressen. Gemeinsam mit dem Apfel- bzw. Birnensaft in einen Topf geben.

2 Die Quitten mit einer Gemüsebürste unter fließendem Wasser gründlich reinigen und dadurch auch den Pelz entfernen. Anschließend schälen, vierteln und das Kerngehäuse entfernen. Die Quitten sogleich in den Saft legen, damit sie nicht braun werden.

3 Vanilleschote längs halbieren, Kardamomkapseln im Mörser leicht andrücken und beides zusammen mit Zimt und Lorbeer in den Topf geben. Einmal aufkochen lassen und die Quitten 10–15 Minuten bei niedriger Hitze weich kochen. Quitten abgedeckt im Sud auskühlen lassen.

4 Für den Porridge Haferflocken, Salz, Zimt, Wasser und Milch in einen Topf geben, einmal aufkochen und abgedeckt 5–10 Minuten bei niedriger Hitze köcheln lassen. Von der Herdplatte ziehen und weitere 5 Minuten quellen lassen. Mandelhobel in einer Pfanne bei nicht zu hoher Hitze rösten.

5 Die Butter zum Porridge geben und unterrühren. Die Konsistenz sollte cremig und halb flüssig sein und an Risotto erinnern, ggf. noch einen Schluck Milch oder Wasser hinzufügen.

6 Den Porridge in Schüsseln verteilen, mit den pochierten Quitten belegen, mit Mandelhobeln und Zimt bestreuen und mit Ahornsirup oder Quittensud beträufelt servieren.

Sauerteigbrot

Der Duft von frischem Brot ist einer der besten, den es gibt. Da die Herstellung von Sauerteigbrot jedoch einiges an Zeit in Anspruch nimmt, lohnt es sich, immer gleich zwei Brote zu backen. Einerseits ist selbst gebackenes Brot ein schönes Geschenk, andererseits lässt sich das Brot wunderbar einfrieren. Aufgetaut kurz unter den Wasserhahn gehalten und bei 180 °C 15 Minuten aufgebacken schmeckt das Brot so gut wie frisch. So mache ich das jeden Sonntag.

Für 2 Brote à ca. 1 kg

Sauerteig 1

- 10 g Anstellgut
- 30 g lauwarmes Wasser
- 15 g backstarkes Weizen- oder Pizzamehl (tipo 00)
- 15 g Roggenvollkornmehl

Sauerteig 2

- 70 g Sauerteig (Sauerteig 1)
- 80 g lauwarmes Wasser
- 40 g backstarkes Weizen- oder Pizzamehl
- 40 g Roggenvollkornmehl

Für den Hauptteig

- 740 g lauwarmes Wasser
- 200 g reifer Sauerteig (Sauerteig 2)
- 800 g backstarkes Weizen- oder Pizzamehl plus mehr zum Bestreuen
- 100 g Weizenvollkornmehl
- 100 g Roggenvollkornmehl
- 25 g Salz
- 1 TL Anis
- ¼ TL gemahlener Zimt
- je 2 EL Reis- und Weizenmehl zum Bestreuen

Tag 1 am Abend

1 Für den Sauerteig 1 Anstellgut, Wasser und Mehl in einem Glas mit Deckel gründlich vermengen. Über Nacht mit aufgelegtem (nicht fest verschlossenem!) Deckel bei Zimmertemperatur reifen lassen, bis sich das Volumen des Teigs verdoppelt hat.

Tag 2 am Morgen

1 Für den Sauerteig 2 den ersten Sauerteig mit warmem Wasser und Mehl in einem Glas gründlich vermengen. Erneut bei Zimmertemperatur mit aufgelegtem Deckel reifen lassen, bis sich das Volumen des Teigs verdoppelt hat und an der Oberfläche kleine Bläschen zu sehen sind. Das dauert je nach Temperatur 3–4 Stunden. Ob der Sauerteig reif ist, kann ganz leicht mit dem Schwimmtest geprüft werden: 1 TL Sauerteig in ein Glas mit Wasser gleiten lassen. Schwimmt der Sauerteig sofort an die Oberfläche, ist er mit großer Wahrscheinlichkeit bereit zur Weiterverarbeitung. Sinkt der Sauerteig, braucht er noch Zeit zum Reifen.

2 Für den Hauptteig 720 g lauwarmes Wasser in eine große Porzellanschüssel geben. 200 g Sauerteig hinzufügen und mit einer Hand im Wasser auflösen (restlichen Sauerteig in einem verschlossenen Schraubglas im Kühlschrank aufbewahren und als Anstellgut für den nächsten Backtag verwenden). Die Mehle dazugeben und alles mit der Hand gut vermischen. Abgedeckt (ich verwende dazu gern eine Duschhaube oder einen Frischhaltedeckel, ein feuchtes Tuch oder Frischhaltefolie funktioniert aber auch) 30 Minuten ruhen lassen.

Fortsetzung auf Seite 32

3 Salz mit 20 g Wasser mischen und über dem Teig verteilen. Mit der Hand einige Minuten gründlich einarbeiten. Den Teig 4–5 ½ Stunden bei Zimmertemperatur abgedeckt reifen lassen. Dabei den Teig nach 30, 60 und 90 Minuten dehnen und falten. Dazu mit einer angefeuchteten Hand unter den Teig fahren, einen Teil sanft hochziehen (ohne dass er reißt) und auf der gegenüberliegenden Seite des Teigs ablegen. Schüssel um 90 Grad drehen und den Vorgang wiederholen. Weitere zweimal drehen, dehnen und falten, sodass nun eine Runde vervollständigt ist. So bekommt der Teig mit der Zeit immer mehr Struktur und Körper. Anis im Mörser grob zerstoßen und mit dem Zimt nach 60 Minuten auf dem Teig verteilen – die Gewürze werden durch das folgende Dehnen und Falten in den Teig eingearbeitet.

5 Nach der gesamten Zeit sollte sich das Teigvolumen deutlich vergrößert haben. Ob der Teig bereit zur Weiterverarbeitung ist, erneut mit dem Schwimmtest prüfen. Als kleiner Anhaltspunkt gilt: Bei 23 Grad dauert das Reifen des Teigs ca. 5 ½ Stunden, bei 24 Grad ca. 5 Stunden, bei 25 Grad ca. 4 ½ Stunden und bei 26 Grad nur ca. 4 Stunden.

6 Den Teig auf eine unbemehlte Arbeitsfläche gleiten lassen. Dabei sollte sich der Teig leicht von der Schüssel lösen – auch das ist ein Indiz dafür, dass der Teig ausreichend fermentiert und bereit zur Weiterverarbeitung ist. Hände und eine Teigkarte leicht mit Wasser einstreichen und den Teig halbieren. Jedes Teigstück mit Hilfe der feuchten Teigkarte zu einem kompakten runden Teigling formen. Mit dem Saum nach unten 20–30 Minuten offen auf der Arbeitsfläche ruhen und entspannen lassen.

7 Nun wird das Brot geformt: Dazu werden die Teiglinge leicht mit Mehl bestreut und mit Hilfe der Teigkarte mit dem Saum nach oben auf die nun bemehlte Arbeitsfläche gelegt. Ersten Teigling ganz sanft etwas in die Länge ziehen. Nun die untere Kante bis zur Mitte nach oben falten. Die linke und rechte Seite auseinanderziehen und beide Seiten nach innen übereinanderfalten. Die obere Kante nach unten ziehen. Mit zwei Fingern etwas Teig links und rechts zu Zipfeln ziehen, in die Mitte führen und verzwirbeln. Zum Schluss das Brot von unten nach oben zusammenrollen und mit dem Saum nach unten 10 Minuten ruhen lassen. Mit dem zweiten Teigling ebenso verfahren.

8 Reis- und Weizenmehl mischen und in mit Bäckerleinen oder Geschirrtüchern ausgelegte Gärkörbchen sieben. Die Teiglinge mit dem Saum nach oben in die Körbchen legen, die Saumenden zusammendrücken. Die Körbchen abdecken und den Teig 8–18 Stunden im den Kühlschrank reifen lassen (5°C sind dabei ideal). So können sich die Aromen noch mehr entfalten.

Tag 3

1 Einen gusseisernen Topf inklusive Deckel 45–60 Minuten bei 250°C Ober-/Unterhitze auf unterster Schiene im Backofen aufheizen.

2 Den Topf mit Handschuhen (Achtung, sehr heiß!) aus dem Backofen nehmen, Deckel beiseitelegen. Ein Brot aus dem Kühlschrank nehmen, abdecken und langsam und vorsichtig mit dem Saum nach unten in den Topf geben. Etwas Mehl darübersieben und verstreichen. Das Brot mit einem Bäckermesser oder einer Rasierklinge rundherum ca. 1 cm tief einschneiden. Nach Belieben mit einem Muster dekorieren.

3 Den Deckel auflegen und das Brot im Topf auf unterster Schiene 20 Minuten bei 250°C mit geschlossenem Deckel backen. Dann den Deckel abnehmen und die Temperatur auf 230°C reduzieren. 15–20 Minuten ohne Deckel fertig backen, bis die gewünschte Bräunung erreicht ist. Das Brot mindestens 1 Stunde auskühlen lassen, da es dabei noch fertig bäckt. Zweiten Laib gleich nach dem ersten wie beschrieben backen.

Rainer Maria Rilke

Advent

Es treibt der Wind im Winterwalde
Die Flockenherde wie ein Hirt,
Und manche Tanne ahnt, wie balde
Sie fromm und lichterheilig wird;
Und lauscht hinaus. Den weißen Wegen
Streckt sie die Zweige hin – bereit,
Und wehrt dem Wind und wächst entgegen
Der einen Nacht der Herrlichkeit.

Papiersterne

Wie kleine Kunstwerke bringen diese Sterne einen Hauch von Magie in jeden Raum. Sie sind ein wunderbares Bastelprojekt für einen Winternachmittag mit Kindern, bei dem der Kreativität keine Grenzen gesetzt sind – alle können frei drauflosschneiden. So wird jeder Stern zu einem individuellen Meisterwerk und bringt Freude in das Zuhause.

Für 1 Stern

9 Butterbrottüten
1 Schere
Kleber
Nadel
Zwirn

• Schritt 1 • **Kleben:** Kleber entlang der Mitte und der unteren Kanten aller Tüten auftragen. Die 9 Tüten bündig aufeinanderkleben.

• Schritt 2 • **Schneiden:** Tüten am offenen Ende zu einer oder mehreren Spitzen schneiden. Optional Muster anzeichnen und hineinschneiden.

• Schritt 3 • **Fertigstellen:** Nun die erste und die letzte Tüte zusammenführen und zusammenkleben.

• Schritt 4 • **Aufhängen:** Mit einer Nadel ein kleines Loch durch eine Sternenspitze stechen, einen dünnen Zwirn durch das Loch fädeln und den Stern aufhängen.

Brioche

Wenn ich an dunklen Wintertagen diese goldgelbe, zart duftende Brioche aus dem Ofen nehme, scheint plötzlich die Sonne in meiner Küche. Ganz frisch mit Butter und Zitrusmarmelade bestrichen schmeckt sie mir besonders gut.

Für 1 Brioche

350 g Weizenmehl plus mehr für die Form
40 g Zucker
110 g Milch
2 Eigelb (M)
1 Ei (M)
15 g frische Hefe
8 g Salz
fein abgeriebene Schale von 1 Bio-Orange
120 g weiche Butter plus mehr für die Form

Zum Bestreichen

1 Eigelb
2 EL Sahne
1 Prise Salz

1 Für den Teig alle Zutaten bis auf die Butter in der Rührschüssel einer Küchenmaschine auf niedriger Stufe 5 Minuten verkneten. Weitere 5 Minuten auf mittlerer Stufe zu einem geschmeidigen Teig kneten. Die Butter bei laufendem Motor stückchenweise hinzufügen und den Teig weitere 5–8 Minuten kneten, bis er sich vom Schüsselrand löst. Mit Frischhaltefolie abgedeckt ca. 1 Stunde an einem warmen Ort (z.B. in der Nähe der Heizung) gehen lassen.

2 Eine Kastenform (ca. 10 x 17 cm, alternativ eine hohe Springform mit ca. 22 cm ø) mit Butter ausstreichen und mit Mehl ausstreuen. Den Teig noch einmal zusammenkneten und in sieben gleich große Stücke teilen. Abgedeckt 10–15 Minuten entspannen lassen. Danach sechs Teigstücke zu Kugeln formen und mit dem Saum nach unten in die Form legen. Das siebte Stück zu mehreren kleinen Kugeln formen und mit dem Saum nach unten in die Vertiefungen zwischen den großen Teigkugeln setzen. Abgedeckt 1–1 ½ Stunden gehen lassen. Der Teig sollte nun gut aufgegangen sein und sich ein wenig wie Pudding bewegen, wenn man an der Form rüttelt.

3 Den Backofen auf 200°C Ober-/Unterhitze vorheizen.

4 Zum Bestreichen Eigelb, Sahne und Salz verquirlen und auf den Teig pinseln. Die Brioche auf die unterste Schiene in den Ofen schieben, die Temperatur auf 180°C reduzieren und die Brioche 40–50 Minuten goldbraun backen. Um ganz sicher zu sein, die Kerntemperatur mit einem Thermometer messen: 94°C sind perfekt.

5 Die Brioche abkühlen lassen, aus der Form nehmen und möglichst frisch mit Butter genießen.

Tipp

Übriges Eiweiß lässt sich gut einfrieren oder für die Lebkuchendekoration auf S. 126 verwenden.

UTOPIA AND POEMS
Gourmet's OLD VIENNA COOKBOOK
A VIENNESE MEMOIR
Lillian Langseth Christensen
A Gourmet BOOK

Der Adventskranz

An den vier Sonntagen vor dem Weihnachtsfest ist es Zeit für einen der bekanntesten Bräuche der besinnlichen Zeit: Nach und nach werden in den deutschsprachigen Ländern die vier Kerzen auf dem Adventskranz entzündet. Der traditionell aus Tannenzweigen und allerlei anderen immergrünen Bestandteilen geflochtene Kranz gehört deshalb auch im Alpenraum in jedes Wohnzimmer und jede Stube. Doch der Kranz ist kein über Jahrhunderte tradierter Brauch, sondern verhältnismäßig jung: Erfunden wurde er vom deutschen Theologen Johann Hinrich Wichern. Er war der erste, der in seiner Wirkungsstätte in einem Hamburger Kinderheim im 19. Jahrhundert einen mit Kerzen bestückten hölzernen Kranz – manche Überlieferungen erzählen von einem einfachen Wagenrad – aufstellte.

Wichern war nicht nur evangelischer Theologe, sondern auch Pädagoge und engagierte sich schon damals karitativ, unter anderem war er Mitbegründer der Evangelischen Diakonie Deutschlands, die sich bis heute sozialer Arbeit und Wohltätigkeit widmet. Der Überlieferung nach wollte er mit dem leuchtenden Kranz den Kindern Freude bereiten und ihnen gleichzeitig mathematische Grundlagen beibringen. Denn auf seinem Kranz brannten am Ende nicht nur vier, sondern gleich 24 Kerzen – vom 1. Dezember an wurde jeden Tag eine weitere Kerze entzündet, an Wochentagen kleinere und an den Sonntagen größere Exemplare. Wicherns Idee verbreitete sich daraufhin bald über Norddeutschland

Gleich mehrere Orte reklamieren den WELTGRÖSSTEN ADVENTSKRANZ *für sich: Im bayerischen Kaufbeuren im Allgäu wird jedes Jahr ein riesiger Kranz aus Tannenzweigen um den städtischen Brunnen gelegt – er hat einen Durchmesser von acht Metern, auf ihm prangen vier Kerzen mit einer Höhe von je rund eineinhalb Metern.*

Der größte hängende Adventskranz der Welt befindet sich dagegen im österreichischen Wallfahrtsort Mariazell. Dort schwebt über dem Hauptplatzbrunnen ein Kranz mit zwölf Metern Durchmesser und einem Gewicht von rund sechs Tonnen. Der Mariazeller Kranz erinnert dabei auch an den Ursprung des Brauches, denn auf ihm sind 20 kleinere und vier große Kerzen für Werk- und Sonntage befestigt. Ab dem 1. Dezember wird täglich eine mehr entzündet.

Die Kerzen am Adventskranz spenden mit jedem Adventssonntag mehr Licht.

und immer weiter in den Süden, wo sie auch vom katholisch geprägten Österreich übernommen wurde. Bis die katholische Kirche den Adventskranz allerdings als festen Bestandteil der Vorweihnachtszeit anerkannte, sollte es noch einige Jahrzehnte dauern: Der erste erschien in den 20er-Jahren des 20. Jahrhunderts in einem katholischen Gotteshaus.

Sein heutiges Aussehen erhielt der Adventskranz nach und nach: Aus den 24 Kerzen wurden, vermutlich aus praktischen Gründen, vier. Sie symbolisieren nicht nur die Wichtigkeit der Sonntage vor Weihnachten, sondern auch das immer heller werdende Licht, das gleichzeitig für die nahende Ankunft des Gottessohnes wie auch für diesen selbst steht, gilt Jesus doch als „Licht der Welt". Die Verwendung von Tannenzweigen statt Holz symbolisiert die Hoffnung, aber auch die Tatsache, dass nach den kargen Wintermonaten das Erwachen der Natur bevorsteht. Dass es sich seit jeher um ein rundes Gebilde handelt, wird als Symbol für die Ewigkeit Gottes betrachtet.

Heutzutage sind der Fantasie bei Gestaltung und Schmuck des Adventskranzes keine Grenzen mehr gesetzt – moderne Exemplare kommen oft ganz ohne Grün oder runde Form aus, traditionelle Versionen werden gern mit Zapfen, Äpfeln, Strohsternen und Schleifen geschmückt. Die FARBE DER KERZEN *hat der Überlieferung nach wichtige Bedeutung: Rote Kerzen sollen Gottes Liebe zu den Menschen symbolisieren. Aus liturgischer Sicht müssen auf dem Kranz drei violette und eine rosafarbene Kerze vorhanden sein. Violett steht dabei für Besinnung und Buße, diese Kerzen brennen dann am 1., 2. und 4. Advent. Der 3. Adventssonntag ist der Vorfreude gewidmet und unterscheidet sich deshalb auch farblich von den anderen – an diesem Tag wird die rosafarbene Kerze entzündet.*

Kardamom-Zimt-Knoten

Es gibt doch nichts Schöneres, als nach dem ersten Rodelnachmittag oder Spaziergang durch die weiße Winterlandschaft in ein warmes, nach Zimt und Kardamom duftendes Haus zurückzukehren. Zum Genuss der süßen Knoten gehört eine wärmende Tasse Tee oder Kaffee einfach dazu. Ich liebe es, kleine Stücke vom flaumigen Gebäck hineinzutunken.

Für 10–12 Stück

Für den Vorteig

4 g frische Hefe
50 g Weizenmehl
50 g lauwarmes Wasser

Für den Hauptteig

160 g Milch
8 g frische Hefe
Vorteig (s.o.)
430 g Weizenmehl plus mehr für die Arbeitsfläche
50 g helles Dinkelmehl oder Dinkelvollkornmehl
30 g Zucker
1 TL Salz
40 g Honig
5 Kardamomkapseln (von der Schale befreit und die Samen fein gemörsert)
2 Eier (M)
100 g weiche Butter

1 Für den Vorteig am Vortag Hefe, Mehl und Wasser vermengen und über Nacht mit Frischhaltefolie abgedeckt im Kühlschrank reifen lassen. (Wenn es schneller gehen muss, abgedeckt 3–4 Stunden an einem warmen Ort, z.B. in der Nähe der Heizung, gehen lassen.)

2 Für den Hauptteig Milch, Hefe, Vorteig, beide Mehlsorten und Zucker in der Rührschüssel einer Küchenmaschine auf mittlerer Stufe 5 Minuten kneten. Abgedeckt 15 Minuten bei Zimmertemperatur ruhen lassen.

3 Salz, Honig, Kardamom und Eier hinzufügen und auf mittlerer Stufe 5 Minuten kneten. Nun die weiche Butter nach und nach in kleinen Stücken hinzufügen und weitere 5 Minuten kneten, bis sich der Teig vom Schüsselrand löst. Abgedeckt 2–3 Stunden an einem warmen Ort ruhen lassen.

4 Für die Füllung (Zutaten s. S. 49) Butter, Zucker, Zimt, Kardamom und Orangenschale gut verrühren.

5 Den Teig auf einer bemehlten Arbeitsfläche zu einem Quadrat (ca. 40 × 40 cm) ausrollen und mit der Füllung bestreichen, dabei rundum einen kleinen Rand lassen. Nun wie bei einem Brief das untere Drittel des Teigs bis zur Mitte falten und das obere Drittel darüberlegen. Nun den Teig noch etwas nach oben ausrollen.

6 Teig von unten nach oben in 3–4 cm breite Streifen schneiden. Jeden Streifen längs halbieren, dabei am oberen Ende ca. 1 cm aussparen, damit die beiden Stücke zusammenhalten. Streifen etwas in die Länge ziehen, dann um die ausgestreckten Finger einer Hand wickeln, die letzten 10 cm einmal quer rund um die Teigstränge legen und unter den Knoten stecken. Auf ein mit Backpapier ausgelegtes Backblech legen und 1 Stunde an einem warmen Ort abgedeckt ruhen lassen, bis sie schön aufgegangen sind.

Fortsetzung auf Seite 49

Für die Füllung

100 g weiche Butter

100 g brauner Zucker

4 g (ca. 2 TL) gemahlener Zimt

10 Kardamomkapseln (von der Schale befreit und die Samen fein gemörsert)

fein abgeriebene Schale von 1 Bio-Orange

Zum Bestreichen

1 Ei

1 Prise Salz

1 Schuss Sahne

Für die Glasur

50 g Zucker

50 g Wasser

Zum Bestreuen

2 Kardamomkapseln (von der Schale befreit und die Samen fein gemörsert)

2 EL Zucker

7 Den Backofen auf 175°C Ober-/Unterhitze vorheizen.

8 Ei, Salz und Sahne verquirlen. Die Knoten damit bestreichen und auf mittlerer Schiene 20–25 Minuten goldbraun backen.

9 Für die Glasur Zucker und Wasser in einen Topf geben und so lange unter Rühren kochen, bis sich der Zucker aufgelöst hat.

10 Gemörserten Kardamom und Zucker zum Bestreuen in einer kleinen Schüssel vermengen.

11 Die Knoten noch warm mit dem Sirup bepinseln und mit dem Kardamomzucker bestreuen. Am besten schmecken die Knoten lauwarm und frisch aus dem Ofen.

Tipp

Die Knoten lassen sich, leicht mit Wasser besprenkelt, im Backofen 5 Minuten bei 160°C Ober-/Unterhitze ganz wunderbar wieder aufbacken. So schmecken sie auch am nächsten Tag fast wie frisch.

Heiße Schokolade

mit selbst gemachten Marshmallows

Nicht nur ein Warmmacher für rote Nasen und eisige Hände, sondern einer der besten Seelenwärmer überhaupt.

Für 4 Tassen

Für die Marshmallows

Öl zum Bestreichen
240 ml Wasser
22 g Gelatinepulver
410 g Zucker
80 ml Agavendicksaft
1 Prise Salz
½ TL Vanillepulver

Zum Bestreuen

120 g Puderzucker
60 g Maisstärke

Für die heiße Schokolade

1 l Milch
4 TL Rohkakaopulver
120 g Zartbitterschokolade (mind. 70 % Kakaogehalt)
½ TL gemahlener Zimt oder Lebkuchengewürz

1 Für die Mashmallows eine 25 x 25 cm große Form oder ein ebenso großes Blech mit Backpapier auskleiden und mit Öl auspinseln.

2 120 ml Wasser in die Rührschüssel einer Küchenmaschine geben. Gelatine darüberstreuen, gut verrühren und mindestens 10 Minuten ziehen lassen.

3 Währenddessen Zucker, Agavendicksaft und 120 ml Wasser in einem Topf aufkochen. Abdecken und weitere 2 Minuten köcheln lassen, damit auch die Zuckerkristalle am Topfrand schmelzen können.

4 Ein Zuckerthermometer in den Topf hängen und den Sirup kochen lassen, bis eine Temperatur von 116–118°C erreicht ist.

5 Hat der Zucker die richtige Temperatur erreicht, das Gelatinewasser mit dem Schneebesen der Küchenmaschine auf mittlerer Stufe rühren und dabei den heißen Sirup entlang des Schüsselrandes langsam einfließen lassen. Salz hinzufügen, die Geschwindigkeit auf mittlere bis schnelle Stufe erhöhen und die Masse 4–5 Minuten rühren, bis sich ihr Volumen verdoppelt hat und sie weiß und fluffig aussieht. Am Ende das Vanillepulver dazugeben und 1 Minute weiterrühren.

6 Einen Spatel mit Öl bestreichen. Die Marshmallow-Masse in die vorbereitete Form geben und mit dem Spatel gleichmäßig darin verteilen. 1–2 EL Puderzucker darübersieben und die Masse bei Zimmertemperatur mindestens 6 Stunden gelieren lassen.

7 Restlichen Puderzucker mit der Maisstärke mischen und auf die Arbeitsfläche sieben. Marshmallow-Platte mit Hilfe des Backpapiers aus der Form heben und auf die bestreute Arbeitsfläche stürzen. Vorsichtig das Papier abziehen. Ein Messer mit Öl bestreichen und die Platte in beliebig große Marshmallow-Würfel schneiden. Würfel in der Puderzucker-Maismehl-Mischung wälzen und in einem Gefäß mit Deckel bis zu 2 Monate aufbewahren.

8 Für die heiße Schokolade alle Zutaten in einen Topf geben und bei niedriger Hitze unter Rühren erwärmen, bis die Schokolade geschmolzen ist.

9 Heiße Schokolade in Tassen verteilen und mit je einem Marshmallow-Würfel belegen. Marshmallows optional mit einem Flambierbrenner karamellisieren. Heiß servieren.

Makramee-Bäumchen

Diese wunderbaren selbst gemachten Bäumchen schmücken nicht nur Tannenbäume, Fensterscheiben oder Türrahmen, sondern machen sich auch ganz wunderbar als Anhänger für Weihnachtsgeschenke.

Für 1 Bäumchen

140 cm geflochtener dunkelgrüner Makramee-Garn (3 mm Dicke)

60 cm brauner Bast- oder Naturgarn

1 Schere

Klebeband

• Schritt 1 • Den braunen Bast in der Mitte falten, kurz unter dem oberen Ende einen Knoten binden, sodass eine Schlaufe entsteht. Die Schlaufe am besten mit Klebeband an einer Arbeitsunterlage festkleben. Die zwei dadurch entstandenen Fäden eng parallel nebeneinander nach unten legen – sie ergeben die Leitfäden.

• Schritt 2 • Den grünen Garn knapp unterhalb der Schlaufe festknoten, sodass zwei gleich lange grüne Fäden entstehen. Dies sind die Arbeitsfäden.

• Schritt 3 • Nun wird ein Kreuzknoten gebunden. Für den ersten Teil den linken Arbeitsfaden zu einer Schlinge formen und über die beiden Leitfäden im 90 Grad Winkel nach links legen (Leitfäden und linker Arbeitsfaden liegen nun in Form einer 4). Den rechten Arbeitsfaden über das Ende des linken Arbeitsfaden legen, unter den Leitfäden nach links führen und von hinten durch die Schlinge des linken Arbeitsfadens legen. Den entstandenen Knoten nach oben bis zur Schlaufe festziehen.

• Schritt 4 • Für Teil zwei des Kreuzknotens Schritt 3 auf der anderen Seite wiederholen, also den rechten Arbeitsfaden nach links über die Leitfäden legen, den linken Arbeitsfaden über den rechten Arbeitsfaden legen und unter den Leitfäden von hinten durch die Schlaufe führen und festziehen. Fertig ist der erste Kreuzknoten.

• Schritt 5 • 1 cm unterhalb des ersten Kreuzknotens den zweiten Kreuzknoten ansetzen und auf beiden Seiten durchführen. Dabei den richtigen Abstand unbedingt abmessen, damit das Bäumchen schön gleichmäßig „wächst“. Den zweiten Kreuzknoten erst nach Vollendung beider Einzelknoten nach oben zum ersten Kreuzknoten schieben. Dadurch entstehen Schlaufen – die Zweige – an den Seiten.

• Schritt 6 • Die nächsten Knoten mit 2 cm, 3 cm, 4 cm, 5 cm und 6 cm Abstand zum jeweils vorherigen Knoten binden und nach oben schieben. Durch den größer werdenden Abstand vergrößern sich die Schlaufen – das Bäumchen wird nach unten breiter.

• Schritt 7 • Die Arbeitsfäden unterhalb des letzten Kreuzknotens festknoten und überstehende Fäden abschneiden. Fertig ist das Makramee-Tannenbäumchen.

Barbarazweige

Zwar herrscht auf den Wiesen und in den Wäldern Mitteleuropas im Dezember der Winter und die Landschaften zeigen sich von ihrer kargen Seite, ein besonderer Brauch lässt dennoch auf einen kleinen Farbklecks hoffen: Am 4. Dezember, dem Tag der Heiligen Barbara, werden Kirschzweige abgeschnitten und in der Stube in Wasser gestellt. Wenn sie bis zum Weihnachtstag blühen, soll das Glück für das kommende Jahr verheißen.

Für Laien kann es um diese Jahreszeit durchaus schwierig sein, überhaupt einen Kirschbaum zu finden, gibt es doch weder Blätter noch Früchte, die auf die Baumart hinweisen. Erkennen kann man Kirschbäume an der glänzenden rotbraunen Borke und den bereits ausgebildeten kleinen Knospen – doch auch die Zweige anderer Obstbäume können für den Brauch zu Ehren der Heiligen Barbara genutzt werden. Die immer wärmer werdenden Temperaturen machen der zarten Blüte zu Weihnachten heutzutage zusehends einen Strich durch die Rechnung, denn damit Kirschzweige schon im tiefsten Winter zu blühen beginnen, brauchen sie mindestens eine Frostnacht. Was wie ein Widerspruch klingt, hat einen biologischen Ursprung: Viele Obstbäume bilden ihre Knospen im Herbst aus und beginnen dann mit einer ausgedehnten Winterruhe. In dieser Zeit reagiert der Baum nicht auf Temperatur oder Licht. Erst eine frostige Phase zeigt ihm, dass der Winter in vollem Gang ist und der Frühling naht. Dadurch wird das Wachstum angeregt und sorgt später dafür, dass sich die Knospen öffnen.

Ohne Frostnächte kann man dem Aufblühen ein wenig unter die Arme greifen: Legt man die frisch geschnittenen Zweige für ein bis zwei Tage in den Tiefkühlschrank, gaukelt man ihnen damit einen strengen Winter vor. Werden sie im Anschluss bei Zimmertemperatur und mit frischem Wasser in eine Vase platziert, sollen die Chancen steigen, dass die Knospen aufblühen und so Farbe in die winterliche Stube bringen. Je nach Auslegung verheißt das Glück, eine nahende Hochzeit oder auch eine gute Ernte im kommenden Jahr.

Dem Glück auf die Sprünge helfen

1. Schnitt

Am besten sucht man sich Zweige mit vielen, möglichst großen Knospen aus und schneidet sie mit einer scharfen Gartenschere vom Baum. Laut dem überlieferten Mondwissen nehmen die Bäume dabei keinen Schaden, wenn bei abnehmendem Mond geschnitten wird. Die Schnittflächen der Zweige sollten danach mit einem scharfen Messer schräg angeschnitten und behutsam mit einem Hammer angeklopft werden, damit sie in der Vase mehr Wasser aufnehmen können.

2. Wasser

Wurden die Zweige inmitten einer strengen Kältephase geschnitten, kann man sie „aufwecken“, indem man sie zunächst für einen Tag in frisches, lauwarmes Wasser stellt. Danach sollten die Zweige in einer Vase mit kühlem Wasser aufbewahrt werden, das alle drei bis vier Tage erneuert wird.

3. Standort

In der Wohnstube sehen die Zweige am schönsten aus, achten sollte man dabei aber darauf, dass sie es nicht zu warm haben. In der Nähe von Heizung oder Ofen wird den Trieben mitunter zu heiß und sie vertrocknen. Am besten eignet sich deshalb ein nicht zu stark beheizter Raum, der regelmäßig gelüftet wird.

4. Deutung

Im Alpenraum gibt es verschiedene Varianten des Barbara-Brauches und seiner Interpretation. Mädchen im heiratsfähigen Alter banden einst einen kleinen Zettel mit dem Namen ihres Geliebten an einen Zweig oder ritzten ihn vorsichtig in die Rinde. Blühte dieser Zweig bis zum 24. Dezember auf, sah man eine kommende Vermählung als gesichert. Das galt auch, wenn gleich mehrere Verehrer um die

DIE LEGENDE DER HEILIGEN BARBARA

Im 3. Jahrhundert wurde in der heutigen Türkei Barbara als Tochter eines wohlhabenden Mannes mit heidnischem Glauben geboren. Schon in jungen Jahren wandte sich das Mädchen aber dem christlichen Glauben zu, sehr zum Missfallen ihres Vaters, der sie daraufhin in einen Turm einsperrte. Als er herausfand, dass Barbara sich heimlich hatte taufen lassen, versuchte er, sie zu töten. Barbara floh daraufhin, doch ihr reicher Vater scheute keine Kosten und Mühen, um seine Tochter zu finden und zum Tode verurteilen zu lassen. Auf dem Weg in den Kerker, in dem Barbara auf ihre Hinrichtung warten musste, blieb ein Kirschzweig in ihrem Mantel hängen, der genau am Tag ihres Todes aufblühte – ihre Wärter interpretierten das als Zeichen Gottes. Ihr eigener Vater, der das Todesurteil vollstreckt hatte, wurde kurz darauf vom Blitz getroffen.

Das Martyrium der heiligen Barbara, (Deutsche Malerei, Siebenbürgen, 16. Jahrhundert, Brukenthal Kunstmuseum, Hermannstadt)

Gunst des Mädchens buhlten: Der junge Mann, dessen Name auf dem aufblühenden Zweig zu finden war, sollte der zukünftige Gemahl sein.

Wer nicht auf eine Hochzeit wartete, nutzte die Barbarazweige, um die Ernte des kommenden Jahres vorauszusagen: Je mehr einzelne Blüten sich an einem Zweig öffneten, desto üppiger sollte diese ausfallen.

Heute gelten die Zweige vielfach als Glücksbote: Blüten vor oder an Weihnachten versprechen ein glückliches neues Jahr.

Tipp

Der Teig kann nach dem Dehnen und Falten (Schritt 2) 12–24 Stunden im Kühlschrank aufbewahrt werden. Anschließend wie beschrieben in die Form geben, 2–3 Stunden Zimmertemperatur annehmen lassen, anschließend belegen und backen.

Focaccia

mit Kartoffeln, getrockneten Zwetschgen und Rosmarin

Die Kombination aus Kartoffeln und Zwetschgen mag ich besonders gern: Sie vereint süß und salzig auf eine ganz besondere Art und Weise. Die Focaccia ist flaumig wie eine Wolke und schmeckt pur genauso gut wie als Beilage.

Für 1 Focaccia

400 g lauwarmes Wasser
12 g frische Hefe
500 g Pizzamehl
12 g Salz
6 EL Olivenöl plus mehr für die Form
2 kleine Kartoffeln
200 g getrocknete Zwetschgen
2–3 Zweige Rosmarin
grobes Meersalz

1 380 g Wasser und Hefe in der Rührschüssel einer Küchenmaschine verrühren, bis die Hefe aufgelöst ist. Mehl hinzufügen und mit dem Knethaken auf mittlerer Stufe 2–3 Minuten gut untermischen. Mit Frischhaltefolie abgedeckt 30 Minuten bei Zimmertemperatur ruhen lassen.

2 Nun das Salz und 20 g Wasser dazugeben und alles zusammen bei mittlerer Geschwindigkeit 10–15 Minuten kneten. Den sehr weichen Teig in eine mit Öl ausgestrichene Schüssel legen und abgedeckt 2–3 Stunden bei Zimmertemperatur ruhen lassen. Währenddessen den Teig drei- bis viermal Mal in regelmäßigen Abständen rundum dehnen und falten. Dazu mit einer angefeuchteten Hand unter den Teig fahren, einen Teil sanft hochziehen (ohne dass er reißt) und auf der gegenüberliegenden Seite des Teigs ablegen. Schüssel um 90 Grad drehen und den Vorgang wiederholen. Weitere zweimal drehen, dehnen und falten, sodass nun eine Runde vervollständigt ist. So bekommt der Teig mit der Zeit immer mehr Struktur und Körper.

3 4 EL Olivenöl in einer ofenfesten Form (ca. 25 x 25 cm) verteilen. Den Teig sehr vorsichtig hineingleiten lassen und gut im Olivenöl wenden. Mit geölten Fingerspitzen in der Form verteilen. Den Teig abgedeckt 1–1 ½ Stunden bei Zimmertemperatur gehen lassen.

4 Den Backofen auf 200°C Ober-/Unterhitze vorheizen.

5 Nach der Gehzeit 2 EL Olivenöl auf dem Teig verteilen. Teig mit geölten Fingerspitzen durch Drücken in der Form verteilen; auf der Teigoberseite sollte danach kleine Mulden zu sehen sein.

6 Kartoffeln fein hobeln oder mit einem Messer in hauchdünne Scheiben schneiden. Die Focaccia mit Kartoffeln, Zwetschgen und Rosmarinnadeln belegen und den Belag etwas in den Teig drücken. Mit grobem Meersalz bestreuen und auf mittlerer Schiene 20–25 Minuten goldbraun backen.

Gebrüder Grimm

Die Wichtelmänner

Es war ein Schuster ohne seine Schuld so arm geworden, dass ihm endlich nichts mehr übrig blieb als Leder zu einem einzigen Paar Schuhe. Nun schnitt er am Abend die Schuhe zu, die wollte er den nächsten Morgen in Arbeit nehmen; und weil er ein gutes Gewissen hatte, so legte er sich ruhig zu Bett, befahl sich dem lieben Gott und schlief ein. Morgens, nachdem er sein Gebet verrichtet hatte und sich zur Arbeit niedersetzen wollte, so standen die beiden Schuhe ganz fertig auf seinem Tisch. Er verwunderte sich und wusste nicht, was er dazu sagen sollte. Er nahm die Schuhe in die Hand, um sie näher zu betrachten: Sie waren so sauber gearbeitet, dass kein Stich daran falsch war, gerade als wenn es ein Meisterstück sein sollte. Bald darauf trat auch schon ein Käufer ein, und weil ihm die Schuhe so gut gefielen, so bezahlte er mehr als gewöhnlich dafür, und der Schuster konnte von dem Geld Leder zu zwei Paar Schuhen erhandeln. Er schnitt sie abends zu und wollte den nächsten Morgen mit frischem Mut an die Arbeit gehen, aber er brauchte es nicht, denn als er aufstand, waren sie schon fertig, und es blieben auch nicht die Käufer aus, die ihm so viel Geld gaben, dass er Leder zu vier Paar Schuhen einkaufen konnte. Er fand frühmorgens auch die vier Paar fertig; und so ging's immer fort, was er abends zuschnitt, das war am Morgen verarbeitet, also dass er bald wieder sein ehrliches Auskommen hatte und endlich ein wohlhabender Mann ward.

Nun geschah es eines Abends nicht lange vor Weihnachten, als der Mann wieder zugeschnitten hatte, dass er vor dem Schlafengehen zu seiner Frau sprach: „Wie wär's, wenn wir diese Nacht aufblieben, um zu sehen, wer uns solche hilfreiche Hand leistet?" Die Frau war's zufrieden und steckte ein Licht an; darauf verbargen sie sich in den Stubenecken, hinter den Kleidern, die da aufgehängt waren, und gaben acht. Als es Mitternacht war, da kamen zwei kleine niedliche nackte Männlein, setzten sich vor des Schusters Tisch, nahmen alle zugeschnittene Arbeit zu sich und fingen an, mit ihren Fingerlein so behend und schnell zu stechen, zu nähen, zu klopfen, dass der Schuster vor Verwunderung die Augen nicht abwenden konnte. Sie ließen nicht nach, bis alles zu Ende gebracht war und fertig auf dem Tische stand, dann sprangen sie schnell fort.

Am andern Morgen sprach die Frau: „Die kleinen Männer haben uns reich gemacht, wir müssten uns doch dankbar dafür bezeigen. Sie laufen so herum, haben nichts am Leib und müssen frieren. Weißt du was? Ich will Hemdlein, Rock, Wams und Höslein für sie nähen, auch jedem ein Paar Strümpfe stricken; mach du jedem ein Paar Schühlein dazu." Der Mann sprach: „Das bin ich wohl zufrieden", und abends, wie sie alles fertig hatten, legten sie die Geschenke statt der zugeschnittenen Arbeit zusammen auf den Tisch und versteckten sich dann, um mit anzusehen, wie sich die Männlein dazu anstellen würden. Um Mitternacht kamen sie herangesprungen und wollten sich gleich an die Arbeit machen, als sie aber kein zugeschnittenes Leder, sondern die niedlichen Kleidungsstücke fanden, verwunderten sie sich erst, dann aber bezeigten sie eine gewaltige Freude. Mit der größten Geschwindigkeit zogen sie sich an, strichen die schönen Kleider am Leib und sangen:

„Sind wir nicht Knaben glatt und fein?
Was sollen wir länger Schuster sein!"

Dann hüpften und tanzten sie, und sprangen über Stühle und Bänke. Endlich tanzten sie zur Tür hinaus. Von nun an kamen sie nicht wieder, dem Schuster aber ging es wohl, solang er lebte, und es glückte ihm alles, was er unternahm.

Der Adventskalender

In den knapp vier Wochen vor Weihnachten, die sich besonders für Kinder mitunter endlos lange anfühlen, sorgt er jeden Tag für einen kleinen Lichtblick: Der Adventskalender gehört in vielen christlich geprägten Ländern einfach zur Adventszeit dazu. Den Kleinen erleichtert er die Wartezeit bis zum großen Tag – und zeigt ihnen gleichzeitig auf einfache und nachvollziehbare Weise, wie viele Tage sie noch warten müssen, bis das Christkind kommt.

Der Erfinder des Adventskalenders ist kein Unbekannter: Wie auch den Adventskranz erdachte der evangelische Theologe und Diakonie-Begründer Johann Hinrich Wichern den Adventskalender, um den kleinen Bewohnerinnen und Bewohnern eines Kinderheims die Zeit bis zum Weihnachtsfest zu verkürzen. Sein Kalender entsprach allerdings noch mehr der eigentlichen Bedeutung des Wortes. Er enthielt keine Geschenke, sondern jeden Tag ein buntes Bild mit religiösem Motiv, das die Kinder be-

staunen konnten. Das neue Ritual wurde rasch auch in verschiedenen Versionen in deutschen Familienhaushalten übernommen: Man hängte etwa Tag für Tag eines von 24 kleinen Bildern an die Wand, entfernte täglich ein Blatt eines Abreißkalenders oder einen von 24 Strichen auf einer Kreidetafel.

Von diesem Zeitpunkt an waren der Fantasie keine Grenzen gesetzt – etwa zur Zeit der Jahrhundertwende wurden Bildbögen populär, auf denen 24 kleine Bilder abgedruckt waren, von denen täglich eines ausgeschnitten und auf einen weiteren Bogen geklebt werden konnte, man bastelte sich seinen Adventskalender also gewissermaßen selbst. Wenig später kamen dann die ersten Exemplare in den Handel, die den heutigen Bild-Kalendern ähnelten: Hinter 24 aufklappbaren Türchen verbarg sich je ein weihnachtliches Motiv oder ein kurzer Text. Auf diese Weise lösten sich die kleinen Kunstwerke langsam aus ihrem kirchlichen Rahmen und fanden Einzug in Privathaushalte und Kinderzimmer.

Die Entwicklung, statt Bildern kleine Geschenke hinter den 24 Türchen zu verstecken, nahm in den späten 1950er-Jahren ihren Anfang – zum ersten Mal wurde nun ein mit Schokolade gefüllter Kalender verkauft und erfreute sich rasch großer Beliebtheit. Heute sind Adventskalender längst nicht mehr nur mit Schokolade oder anderen Süßigkeiten ausgestattet – erhältlich sind auch Varianten, die mit Tee oder Gewürzen, mit Kosmetikprodukten oder sogar mit Bier gefüllt sind. Einen besonderen Status haben inzwischen selbst gebastelte Adventskalender, die bezüglich Art, Größe und Inhalt beinahe unendlich variieren können.

Der Adventskalender lebt

In ländlichen Gegenden Österreichs hat sich über die Jahre in vielen Dörfern und kleinen Gemeinden der Brauch des „Lebendigen Adventskalenders“ etabliert. Dabei wird, meist am oder rund um den städtischen Hauptplatz, in der Adventszeit täglich eines von 24 festlich geschmückten Fenstern enthüllt, hinter dem jeweils ein anderes weihnachtliches oder auch religiöses Motiv zu sehen ist. Lebendig wird der Adventskalender, indem die Enthüllung oft mit einem Beisammensein bei Tee oder Punsch zelebriert oder einem Rahmenprogramm gestaltet wird – beim Vortragen von Weihnachtsliedern und -geschichten oder Krippenspielen wird die Weihnachtsstimmung so schon im Vorfeld entfacht.

In der kleinen Gemeinde Katschberg an der Grenze zwischen den österreichischen Bundesländern Salzburg und Kärnten dagegen wird der Advent im wahrsten Sinn des Wortes begangen: Der Adventweg ist eine Art begehbarer Adventskalender – ein Pfad führt durch die verschneite Winterlandschaft von Heustadel zu Heustadel. In jedem von ihnen gibt es eine andere weihnachtliche Besonderheit zu entdecken: Traditionelle Musik und Gesang, Kunsthandwerk und kulinarische Genüsse sorgen für Adventsstimmung.

Die Wartezeit bis Heiligabend kann lang sein – der Adventskalender sorgt jeden Tag für einen kleinen Lichtblick.

Wer mag, kann auf die Anhänger gleich einen Serviervorschlag schreiben: Das Granola schmeckt mit Milch oder Joghurt zusammen mit Früchten der Saison oder Kompott. Ein paar Tropfen Ahornsirup, Olivenöl und Fleur de Sel runden das Ganze ab.

Weihnachtliches Granola

Mit einer Extraportion Lebkuchengewürz und Orangenaroma wird das Knusper-Granola zum Seelenwärmer und einem wunderbar weihnachtlichen Geschenk.

Für 4 Portionen
bzw. 1 Vorratsglas

- 80 g Honig
- 150 g Nüsse (Haselnusskerne, Mandeln, Walnusskerne …)
- 200 g Haferflocken
- 50 g Rosinen
- 50 g Leinsamen
- 50 g Sonnenblumenkerne
- 50 g Kürbiskerne
- 2 EL Sesamsamen
- Saft und fein abgeriebene Schale von 1 Bio-Orange
- 3–4 EL gehackte kandierte Orangenschale
- 2 TL Lebkuchengewürz
- 70 ml Olivenöl
- ¼ TL Salz

1 Den Backofen auf 170°C Ober-/Unterhitze vorheizen.

2 Honig in einem kleinen Topf leicht erwärmen. Große Nüsse nach Belieben grob hacken. Alle Zutaten in einer Schüssel gut vermengen und auf einem mit Backpapier ausgelegten Backblech verteilen.
25–30 Minuten auf mittlerer Schiene goldbraun rösten, dabei alle 10–15 Minuten umrühren/wenden.

3 Das Granola abkühlen lassen (erst dann wird es knusprig) und in ein Vorratsglas füllen. Luftdicht verschlossen ist es ca. 3 Monate haltbar.

Verpacken

Zum Verschenken das Granola in schöne Gläser füllen und diese mit Anhängern, Zweigen, Zimtstangen oder getrockneten Orangenscheiben dekorieren.

Salzkaramell-Trüffel

Oft braucht es nicht mehr zum Dessert als einen dieser kleinen, zartschmelzenden Schokoladentrüffel. Wobei es die karamellige Salznote schwer macht, nicht noch eine zweite und dritte Kugel zu naschen.

1 Zucker in einem Topf bei mittlerer Hitze schmelzen und zu bernsteinfarbenem Karamell kochen. Von der Herdplatte ziehen, Sahne, Butter sowie Salz einrühren. Bei niedriger Hitze glatt rühren, bis keine Zuckerklümpchen mehr zu sehen sind.

2 Schokolade in grobe Stücke hacken und im Karamell auflösen, anschließend glatt rühren. Masse in ein Gefäß mit Deckel füllen und 4–5 Stunden verschlossen im Kühlschrank fest werden lassen.

3 Mit einem Teelöffel Portionen von der Trüffelmasse abstechen, zwischen den Händen zu Kugeln formen und sofort in Kakaopulver wälzen.

Verpacken

Mit Butterpapier ausgelegte Holzschachteln von Camembert (eventuell etwas auslüften lassen), Obst und Gemüse machen sich gut als Trüffelbox. Wer mag, kann die Trüffel noch zusätzlich in Papierförmchen für Pralinen legen.

Für 20–25 Kugeln

100 g Zucker
100 ml Sahne
50 g Butter
1 TL Salz
200 g Zartbitterschokolade (mind. 70 % Kakaogehalt)
100 g Rohkakaopulver zum Wälzen

Gebrannte Mandeln

Sie gehören zum Weihnachtsmarkt wie Esskastanien und Glühwein. Auch zu Hause erzeugt der feine Duft von Zimt und Zucker ganz schnell eine süße Weihnachtsstimmung.

1 Zucker, Wasser, Vanillemark, Zimt und Salz in eine Pfanne geben und zum Kochen bringen. Die Mandeln hinzufügen und unter ständigem Rühren bei mittlerer Hitze ca. 5 Minuten weiterkochen, bis der Zucker trocken wird.

2 Die karamellisierten Mandeln auf einem mit Backpapier ausgelegten Backblech verteilen und abkühlen lassen.

Verpacken

In schöne Papiertüten oder Schraubgläser verpackt und dekoriert werden die gebrannten Mandeln zu einem sehr persönlichen und zugleich schnellen selbst gemachten Weihnachtsgeschenk aus der Küche.

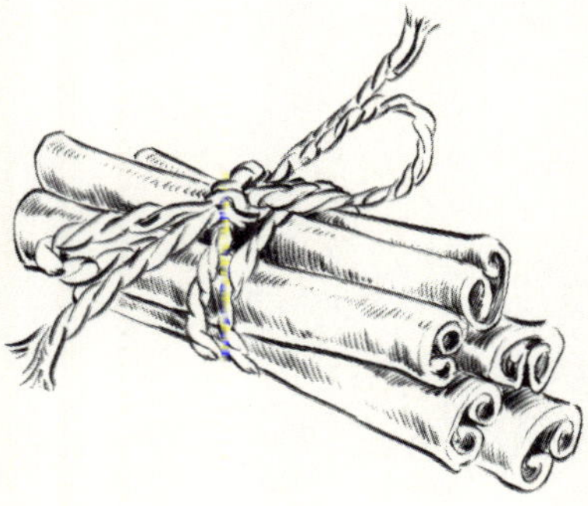

Für ca. 400 g

200 g Zucker
100 ml Wasser
Mark von ½ Vanilleschote
½ TL gemahlener Zimt
1 Prise Salz
200 g Mandeln mit Haut

Mandarinentee

**Genau das Richtige für Teefans!
Sind es doch die selbst gemachten Geschenke,
die besonderen Wert haben.**

Für 4 Mandarinen

4 Mandarinen
4 TL loser Schwarztee

• Schritt 1 • Das obere Ende der Mandarinen abschneiden. Nun mit einen kleinen Löffel das Fruchtfleisch aus Mandarinendeckel und Mandarine auskratzen.

• Schritt 2 • Die ausgehölten Mandarinen und Deckel auf ein mit Backpapier ausgelegtes Backblech legen und in der Nähe eines Heizkörpers 2–3 Tage trocknen lassen.

• Schritt 3 • Mandarinen mit Schwarztee füllen, Deckel aufsetzen und in große Teebeutel geben. Diese fest verschließen.

• Schritt 4 • Zur Anwendung Mandarinen mit heißem Wasser übergießen und den Tee bis zur gewünschten Teestärke ziehen lassen.

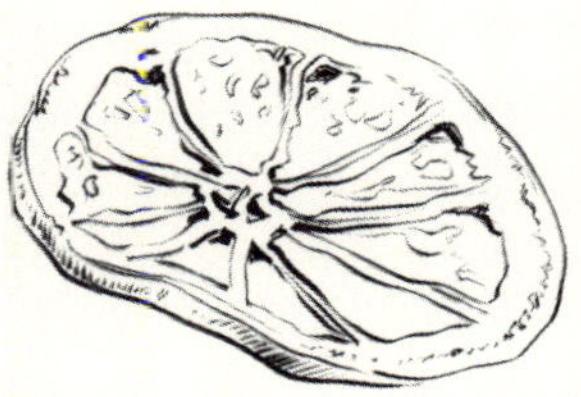

Verpacken

Zum Verschenken die Mandarinen im Teebeutel in Butterbrotpapier wickeln und dieses mit einem schönen Band verschließen.

Tipp

Mandarinenfruchtfleisch pürieren und 1 EL davon in Panettone- oder Briocheteig mischen. In Eiswürfelformen tiefgekühlt hält sich das Fruchtfleisch mehrere Monate.

Der Nikolaus

Einer der Fixpunkte zu Beginn der Adventszeit ist der Besuch des Nikolaus. Traditionell bringt der alte Mann mit dem Rauschebart den Bewohnerinnen und Bewohnern des Alpenraums am Abend des 6. Dezember kleine Geschenke. Gekleidet ist er dabei nicht umsonst in ein rotes Gewand samt Mitra und Bischofsstab, basiert er doch auf einer historischen Persönlichkeit der katholischen Kirche: Nikolaus von Myra war im 4. Jahrhundert nach Christus Bischof in der heutigen Türkei und soll sich dabei vor allem um Arme und Mittellose gekümmert haben. Bis heute ranken sich um den Kirchenmann zahlreiche Mythen und Legenden, die aber großteils nicht wissenschaftlich belegbar sind. Was man jedoch mit Sicherheit weiß, ist, dass sich bereits im Mittelalter im deutschsprachigen Raum der Brauch des als Nikolaus verkleideten Mannes, der von Haus zu Haus zieht und kleine Geschenke verteilt, etablierte. Heute ist der Todestag des Bischofs von Myra, der 6. Dezember, einerseits ein wichtiger Tag der kirchlichen Heiligenverehrung, vor allem aber ein Höhepunkt für Kinder, denn inzwischen konzen-

Wir erinnern uns am 6. Dezember an den Heiligen Nikolaus, weil das sein Todestag ist. Er starb um das Jahr 350 und wurde in einem alten römischen Sarkophag in seiner Bischofskirche beigesetzt.

Im frühen 20. Jahrhundert wurde Santa Claus immer haufiger statt im Kirchenornat als Mann mit dickem Bauch, rot-weißer Kleidung und Zipfelmütze dargestellt.

triert sich die Tradition vor allem auf die Kleinen, denen der Tag die Wartezeit auf das Weihnachtsfest ein wenig verkürzt.

Bekanntlich bringt aber zur schönsten Zeit des Jahres noch ein anderer Mann mit weißem Bart Geschenke – laut einer hartnäckigen Legende wurde er vom Getränkekonzern Coca-Cola erfunden. Tatsächlich jedoch sind der Nikolaus und der Weihnachtsmann miteinander verwandt. Letzterer hat gleich mehrere historische Ursprünge. Er basiert zum Teil auf der Figur des Sinterklaas, der in den Niederlanden an Weihnachten die Geschenke bringt und der ebenfalls vom Bischof von Myra abstammen dürfte, denn auch er trug ein stilisiertes Bischofsgewand. Als im 18. Jahrhundert zahlreiche Menschen aus den Niederlanden in die USA auswanderten, brachten sie dabei auch ihren Brauch vom Sinterklaas mit. In der englischsprachigen neuen Heimat wurde der gutmütige Mann mit seinem Sack voller Geschenke dann nach und nach zu Santa Claus. Dabei spielte auch die in England und später auch den USA bereits zu dieser Zeit verbreitete Tradition des Father Christmas eine Rolle.

Im frühen 20. Jahrhundert wurde Santa Claus immer häufiger statt im Kirchenornat als Mann mit dickem Bauch, rot-weißer Kleidung und Zipfelmütze dargestellt, der vom Nordpol aus mit seinem Rentierschlitten um die Welt fliegt, um Kinderaugen zum Leuchten zu bringen. Ein cleverer Werbegrafiker erkannte in der Farbkombination seiner Kleidung einen seiner Kunden wieder und nutzte Santa Claus fortan für weihnachtliche Werbung – so fanden Coca-Cola und der Weihnachtsmann zueinander.

Äpfel und Nüsse

Schon in Theodor Storms berühmtem Gedicht „Knecht Ruprecht“ wird erzählt, dass „Apfel, Nuss und Mandelkern“ Kindern besonders gut schmecken. Doch warum bringt der Nikolaus ihnen ausgerechnet diese drei Leckereien?

Der Grund für den Brauch, der sich vor allem in ländlichen Gegenden bis heute bewahrt hat, dürfte in der Jahreszeit und in weiter Vergangenheit liegen: In den Städten und Dörfern des Alpenraums war man einst in der kargen Winterzeit ganz und gar auf jene Vorräte angewiesen, die über den Sommer eingelagert worden waren. So gab es im Dezember vor allem Nahrungsmittel, die sich lange halten, aber trotzdem viel dringend benötigte Energie liefern. Oft waren das Kartoffeln, Kohl und andere bei Kindern weniger beliebte Speisen. Aber es gab auch einige wenige Köstlichkeiten, mit denen man gut haushalten musste – zum Beispiel alle Arten von Nüssen sowie Äpfel.

Dass der Nikolaus in jüngerer Zeit auch gern Mandarinen in den Schuhen der Kinder versteckt, soll dagegen mit der berühmten Jungfrauenlegende zu tun haben – die Mandarinen symbolisieren die Goldstücke, die der junge Nikolaus damals in das Haus des armen Vaters und seiner drei Töchter geworfen hat.

Schokolade schließlich hat sich als Nikolausgeschenk erst vor wenigen Jahrzehnten dazugesellt, sie war früher schlicht zu teuer und außerhalb der Städte kaum aufzutreiben.

Schon seit über 200 Jahren versüßt der Nikolaus unsere Gaumen. Anfangs waren die Schoko-Nikoläuse nicht hohl, sondern aus massiver Schokolade.

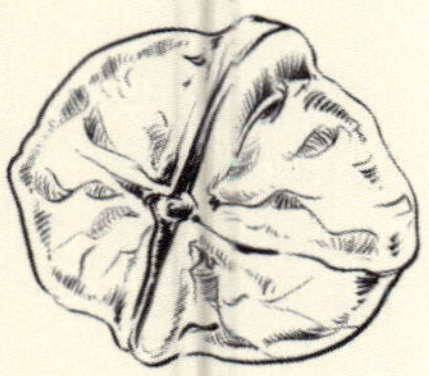

Das Jungfrauenwunder

Der Bischof von Myra soll ein großzügiger und äußerst wohltätiger Mann gewesen sein. Eine der bekanntesten Legenden rankt sich um die Rettung dreier Frauen vor einem schrecklichen Schicksal – und erklärt vielleicht auch gleich, warum der Nikolaus heute gern Geschenke in den Schuhen und Stiefeln braver Kinder hinterlässt.

Ein bettelarmer Kaufmann hatte drei jungfräuliche Töchter, für die er nicht mehr sorgen konnte. Auch die hohe Mitgift, die Väter damals üblicherweise zahlen mussten, um ihre Töchter in bessere Verhältnisse zu verheiraten, konnte er nicht aufbringen. Der verzweifelte Vater sah schließlich nur noch den einen Ausweg, seine drei Töchter in die Prostitution zu verkaufen. Ein wohlhabender junger Mann erfuhr davon und entschloss sich, der Familie zu helfen: An drei aufeinanderfolgenden Nächten beschenkte er sie mit je einem Stück Gold – während die Legende manches Mal davon erzählt, dass er das Gold durch ein geöffnetes Fenster warf, berichten andere davon, wie er es durch den Kamin fallen ließ. Dieser öffnete sich in die Feuerstelle des ärmlichen Hauses, wo die Schuhe der drei Mädchen zum Trocknen aufgestellt waren. Am nächsten Morgen fanden die Schwestern den Schatz in ihren Stiefeln und wurden so vor ihrem traurigen Schicksal bewahrt. Jahre später wurde der Wohltäter zum Bischof Nikolaus von Myra ernannt.

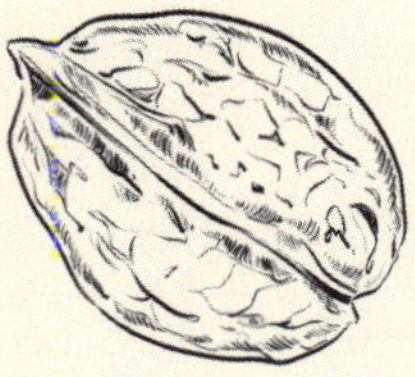

Unheimlicher Begleiter

Nicht nur der gütige Nikolaus besucht Anfang Dezember Haus und Hof, um den Braven kleine Geschenke zu machen, er hat im Alpenraum auch stets einen äußerst unheimlichen Begleiter dabei: den Krampus. Doch so angsteinflößend der auch ist, er hat von Österreich und Süddeutschland bis ins östliche Mitteleuropa eine lange Tradition und ist fixer Bestandteil der Vorweihnachtszeit. Weiter oben im Norden kennt man ihn in weniger unheimlicher Form als Knecht Ruprecht, in der Schweiz heißt er Schmutzli und begleitet den Samichlaus.

Im Gegensatz zum Nikolaus hat der Krampus kein historisches Vorbild und sieht von Region zu Region etwas anders aus. Meist handelt es sich aber um ein unheimliches Wesen mit krummem Rücken, einem langen, zotteligen, schwarzen Fell am ganzen Körper, einer fürchterlichen Fratze mit heraushängender Zunge sowie langen Teufelshörnern. Genau die verraten auch, worum es sich bei der Gestalt handelt: Erfunden wurde der Krampus wohl als Gegenspieler zum Nikolaus – als das personifizierte Böse. Ähnliche Brauchtümer gibt es in vielen verschiedenen Kulturen auf der ganzen Welt, von den Heiden bis zu den nordischen Völkern. Man glaubte einst fest daran, dass in den dunkelsten Nächten des Jahres rund um Weihnachten besonders viele mystische Wesen unterwegs sind und damit auch das Böse umgeht.

Immer berühmter wurde der Krampus erst vor rund 200 Jahren, als man in ihm eine wirksame Erziehungsmaßnahme zu erkennnen glaubte. Denn dem Brauchtum nach belohnt der Nikolaus die guten Kinder, während der Krampus die unartigen mit seiner Rute bestraft oder sie gar in seinen großen Sack steckt und mitnimmt. Weil sich die Kinder so vor ihm fürchteten und mit dem Näherkommen der ersten Dezemberwoche immer artiger wurden, war er bald ein alljährlich wiederkehrender Besucher.

Die gute Nachricht ist: Spätestens am 7. Dezember ist der Albträume verursachende Gesell wieder verschwunden. Anders verhält es sich mit den fest im alpenländischen Brauchtum verankerten Schiachperchten, die Haus und Hof nicht nur eine Nacht lang heimsuchen, sondern gleich zwölf Raunächte lang ihr Unwesen treiben.

Der Name Krampus leitet sich vom mittelhochdeutschen Wort *Krampen* ab, das „Kralle“ bedeutet. Während der Nikolaus als Himmelsbote auftritt, stellt der Krampus zur Wahrung des Gleichgewichts den Vertreter der Hölle dar.

Theodor Storm

Knecht Ruprecht

Ruprecht:
Habt guten Abend, alt und jung,
Bin allen wohl bekannt genung.
Von drauß' vom Walde komm ich her;
Ich muss euch sagen, es weihnachtet sehr!

Allüberall auf den Tannenspitzen
Sah ich goldene Lichtlein sitzen;
Und droben aus dem Himmelstor
Sah mit großen Augen das Christkind hervor;
Und wie ich so strolcht' durch den finstern Tann,
Da rief's mich mit heller Stimme an:

„Knecht Ruprecht“, rief es, „alter Gesell,
Hebe die Beine und spute dich schnell!
Die Kerzen fangen zu brennen an,
Das Himmelstor ist aufgetan,
Alt' und Junge sollen nun
Von der Jagd des Lebens einmal ruhn;
Und morgen flieg ich hinab zur Erden,
Denn es soll wieder Weihnachten werden!
So geh denn rasch von Haus zu Haus,
Such mir die guten Kinder aus,
Damit ich ihrer mag gedenken,
Mit schönen Sachen sie mag beschenken.“
Ich sprach: „O lieber Herre Christ,
Meine Reise fast zu Ende ist;
Ich soll nur noch in diese Stadt,
Wo's eitel gute Kinder hat.“

– „Hast denn das Säcklein auch bei dir?“
Ich sprach: „Das Säcklein, das ist hier:
Denn Äpfel, Nuss und Mandelkern
Essen fromme Kinder gern.“

– „Hast denn die Rute auch bei dir?“
Ich sprach: „Die Rute, die ist hier;
Doch für die Kinder nur, die schlechten,
Die trifft sie auf den Teil, den rechten.“

Christkindlein sprach: „So ist es recht;
So geh mit Gott, mein treuer Knecht!“

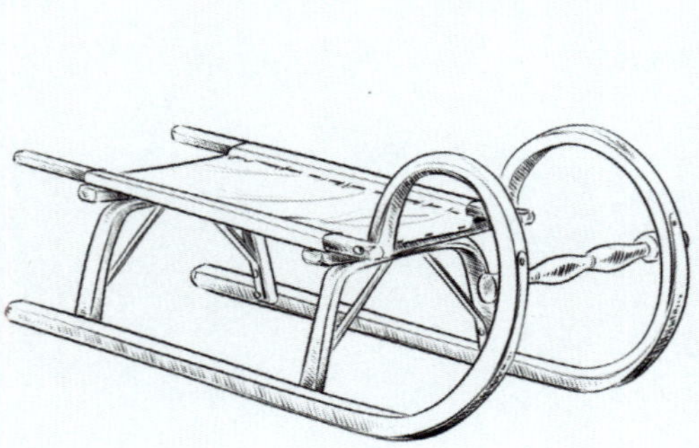

Plätzchen und mehr

Für viele ist der Duft von Zimt, Vanille und Lebkuchengewürz im ganzen Haus das ultimative Zeichen dafür, dass Weihnachten vor der Tür steht. Das galt schon für unsere Vorfahren und deren Vorfahren, denn die Tradition des Backens von Plätzchen und Süßspeisen in der Vorweihnachtszeit ist tief in der mitteleuropäischen Kulturgeschichte verankert – und nicht nur dort.

Schon lange bevor Weihnachten als christliches Fest einer der jährlichen Höhepunkte des Kalenders wurde, spielte die Zeit der Wintersonnenwende in vielen Kulturen eine zentrale Rolle. Der 21. Dezember, der kürzeste Tag des ganzen Jahres, ist ein Wendepunkt für all jene, die ihr Leben ganz am Kreislauf der Natur ausrichten, also auch in der Alpenregion mit ihren Feldern und Höfen. Ab diesem Tag wird das Licht stetig mehr und es gilt sich langsam auf den noch in weiter Ferne scheinenden Frühling vorzubereiten. In vorchristlicher Zeit geschah dies auch durch Rituale und Opfergaben, mit denen um eine gute Ernte, Gesundheit und Schutz vor Unheil gebeten wurde. Und auch den Göttern und guten Geistern, die man um Unterstützung bat, schmeckten demnach süße Köstlichkeiten am besten – man opferte ihnen gern Getreide und Gewürze, später dann auch Honig: Archäologische Funde zeigen, dass bereits Kelten und Germanen Brote nicht nur für den Verzehr herstellten, sondern diese auch als Gaben für Götter oder Ahnen dargebracht wurden. Geformt wurden diese Backwaren oft als Sonnenscheiben oder auch Tierfiguren und sollten Schutz und Fruchtbarkeit für das kommende Jahr bringen – auch das Formen von Figuren aus wohlschmeckendem Teig ist also eine lange überlieferte Tradition. Mit der Zeit rückten die Opferbrote in den Hintergrund, das Backen in der dunklen Jahreszeit aber blieb ein fester Bestandteil der Tradition.

Als der christliche Glauben in die frühmittelalterliche Gesellschaft Einzug hielt, wurde Weihnachten

Mönche des Mittelalters experimentierten mit der Herstellung von Süßwaren. Der Lebkuchen, damals vor allem als mit Honig gesüßtes Brot bekannt, war aufgrund seiner guten Lagerfähigkeit eine bei Groß und Klein beliebte Köstlichkeit.

nach und nach zum wichtigsten religiösen Fest im Jahreskreis. Die Klöster gewannen als Orte für Gebet und Glauben an Wichtigkeit, sie dienten aber auch als bedeutende Archive für die Aufzeichnung gesellschaftlicher Praxen – unter anderem auch der des Backens. So finden sich in den Bibliotheken alter Abteien immer wieder frühe Rezepte für die Herstellung von Lebkuchen und Gebäck. Gesüßt wurden diese Backwaren meist mit Honig, Zucker gehörte damals noch zu den äußerst seltenen Zutaten.

Fortan experimentieren die Mönche des Mittelalters auch mit der Herstellung von Süßwaren. Der Lebkuchen, damals vor allem als mit Honig gesüßtes Brot bekannt, war auch aufgrund seiner guten Lagerfähigkeit eine bei Groß und Klein beliebte Köstlichkeit. Zu seinem heutigen Geschmack, der auch von exotischen Gewürzen von Piment bis Ingwer bestimmt ist, gelangte er mit den Kreuzzügen und dem damit erstmals aufgekommenen Handel mit weit entfernten Ländern und ihren Produkten. Doch Zimt, Muskat, Nelken und Kardamom blieben teuer und selten, weshalb sie ausschließlich für besondere Anlässe verwendet wurden. Weihnachten wurde als Hochfest des christlichen Jahres zum bevorzugten Zeitpunkt, um derlei kostbare Zutaten einzusetzen.

In vielen Städten bildeten sich Gilden, die sich auf die Herstellung von Honiggebäck spezialisierten. So entwickelte sich besonders in Deutschland, Österreich und der Schweiz die Tradition der Weihnachtsbäckerei. Der Dresdner Stollen, dessen Zubereitung erstmals 1474 in einem Rezept festgehalten wurde, ist eines der bekanntesten Beispiele für ein mittelalterliches „Weihnachtsbrot".

Dass ausgerechnet zu Weihnachten gebacken wurde, hängt ebenfalls mit der Seltenheit der Zutaten zusammen, denn Butter, Eier und Süßes wie Honig wurden nur zu bedeutenden Anlässen verwendet. Die so hergestellten Leckereien waren etwas Besonderes, das nur an den höchsten Festtagen genossen wurde und wohlhabenden Haushalten vorbehalten war. Dort verteilte man die aufwendig verzierten Gebäckstücke auch gern an Freunde und Verwandte, während man sich in ländlichen Gegenden auf einfachere Formen von Weihnachtsbrot besann, das mit der ganzen Familie verzehrt wurde. Erst durch die Industrialisierung waren Zucker und Mehl im 19. Jahrhundert schließlich überall verfügbar und das Backen von Weihnachtsgebäck entwickelte sich zu einer bürgerlichen Familientradition. Viele der heute bekanntesten und beliebtesten Arten von Keksen, Plätzchen und Gebäck stammen aus dieser Zeit. Die Habsburger liebten demnach zum Beispiel Vanillekipferl besonders.

Vanillekipferl

Jedes Mal, wenn mir der Duft von Vanillekipferln in die Nase steigt, versetzt es mich zurück in die kleine Küche meiner Oma. Und ich bin mir sicher, da bin ich nicht allein. Ist es nicht wunderbar, welch intensive Erinnerungen Düfte und Aromen in uns wecken können?

1 Für den Teig die Butter würfeln und mit den übrigen Zutaten zwischen den Fingerkuppen zerbröseln. Rasch zu einem glatten Teig verkneten und leicht flach drücken. In Frischhaltefolie gewickelt mindestens 2 Stunden oder über Nacht im Kühlschrank ruhen lassen.

2 Den Backofen auf 180°C Ober-/Unterhitze vorheizen.

3 Etwa ein Drittel des gekühlten Teigs zu fingerdicken Rollen formen und in ca. 3 cm lange Stücke schneiden. Diese zu Kipferln formen und auf ein mit Backpapier ausgelegtes Backblech legen. Auf mittlerer Schiene 10–12 Minuten goldgelb backen. Den restlichen Teig ebenso verarbeiten.

4 Für den Vanillezucker Puderzucker und Vanillemark mischen und fein auf die noch warmen Kipferl sieben. Alternativ die Kipferl vorsichtig im gesiebten Zucker wälzen. Die Kipferl halten in einer verschlossenen Keksdose ca. 4 Wochen.

Für 40–50 Kipferl

Für den Teig
220 g kalte Butter
280 g Weizenmehl
70 g Puderzucker
50 g gemahlene Mandeln
50 g gemahlene Haselnüsse
1 TL fein abgeriebene Bio-Zitronenschale

Für den Vanillezucker
150 g Puderzucker
Mark von ½ Vanilleschote

Verpacken

Vanillekipferl vorsichtig Schicht für Schicht in kleine Keksdosen oder weite Gläser betten.

Cantuccini

In der Toskana werden Cantuccini traditionell mit einem Gläschen Vin Santo serviert. Doch auch zu Tee, Kaffee oder Punsch passt das knusprige Gebäck, das sich so wunderbar tunken lässt.

Für ca. 40 Cantuccini

80 g Butter
1 Schuss Amaretto (optional)
150 g Zucker
1 Prise Salz
Mark von ½ Vanilleschote
2 Eier (M)
280 g Weizenmehl
5 g Weinsteinbackpulver
200 g Mandeln mit Haut
fein abgeriebene Schale von ½ Bio-Orange

1 Butter in einem Topf bei niedriger Hitze schmelzen (nicht kochen), anschließend abkühlen lassen. Wenn gewünscht, etwas Amaretto einrühren.

2 Zucker, Salz, Vanillemark und Eier in der Rührschüssel einer Küchenmaschine ca. 10 Minuten cremig aufschlagen.

3 Mehl und Backpulver sieben. Mit der Butter zur Eiermasse geben und mit einem Teigspatel unterheben, bis keine trockenen Stellen mehr zu sehen sind. Zum Schluss Mandeln und Orangenschale unterheben und den Teig abgedeckt im Kühlschrank 30 Minuten durchkühlen lassen.

4 Den Backofen auf 180°C Ober-/Unterhitze vorheizen.

5 Die Arbeitsfläche mit etwas kaltem Wasser leicht befeuchten und aus dem gekühlten Teig mit feuchten Händen (so klebt der Teig nicht daran) 3–4 gleichmäßige Stangen rollen. Auf ein mit Backpapier ausgelegtes Backblech legen und auf mittlerer Schiene 25–30 Minuten goldbraun backen.

6 Das Blech herausnehmen und die Temperatur des Backofens auf 170°C reduzieren. Die Stangen nach dem Backen 10 Minuten abkühlen lassen, danach mit einem scharfen Messer leicht schräg in 1–1,5 cm dicke Scheiben schneiden.

7 Die Scheiben auf das Backblech legen und weitere 10–15 Minuten backen. (Bei Bedarf ein zweites Blech verwenden und zeitgleich in den Ofen schieben.) Die Cantuccini auf dem Blech abkühlen lassen.

Tipps

Anstelle von Mandeln nach Belieben Pistazien, Pinien- oder Haselnusskerne verwenden.

Kandierte Zitrusfrüchte, kandierter Ingwer, Rosinen oder Cranberrys machen sich auch gut in den Cantuccini.

Den Teig mit Gewürzen wie Zimt-, Anis-, Nelken- oder Ingwerpulver aromatisieren.

Verpacken

Die Cantuccini in Cellophansackerl oder Schraubgläser verpacken und mit einer Schleife versehen.

Panettone

Der traditionelle Panettone wird mit Pasta Madre (ein sehr fester Sauerteig) gebacken. Dieser will jedoch umgarnt, gehegt und gepflegt werden. Wer nicht so viel Muße und Zeit hat, den Teig vierzehn Tage lang zweimal täglich zu füttern, bis endlich damit gebacken werden kann, für den ist meine Variante mit Hefe ideal. Zeit ist trotzdem eine unverzichtbare Zutat – drei Tage sollten Sie einplanen.

Für 2 Panettoni (Panettoneformen aus Papier à 500 g Fassungsvermögen)

Für den Aroma-Mix

30 g Honig

Mark von 1 Vanilleschote

Schale von je 1 Bio-Zitrone und -Orange

Für den Vorteig

185 g lauwarmes Wasser

5 g frische Hefe

375 g Panettone- oder Manitobamehl (sehr backstarkes Mehl)

Für Teig 1

Vorteig (s.o.)

4 Eigelb (kalt)

100 g Zucker

90 g weiche Butter

1 Am Vorabend alle Zutaten für den Aroma-Mix in einer Schüssel mit Deckel vermengen und abgedeckt im Kühlschrank über Nacht bis zur Weiterverwendung durchziehen lassen.

2 Ebenfalls am Vorabend für den Vorteig Wasser, Hefe und Mehl zu einem festen Teig kneten. Zu einer Kugel formen und mit einem Messer ein Kreuz einschneiden. Vorteig in eine Schüssel geben und mit Frischhaltefolie abgedeckt 12–14 Stunden an einem warmen Ort (z.B. in der Nähe der Heizung) reifen lassen.

3 Für Teig 1 am nächsten Tag Vorteig und Eigelb 5 Minuten in der Rührschüssel einer Küchenmaschine auf niedriger Stufe kneten, bis das Eigelb gut eingearbeitet ist. Dann auf mittlerer Stufe weitere 5 Minuten kneten. Den Zucker hinzufügen und 7 Minuten kneten. Zum Schluss die weiche Butter hinzufügen und weitere 7 Minuten kneten, bis sich der Teig vom Schüsselrand löst. Abgedeckt an einem warmen Ort 2–3 Stunden reifen lassen. Der Teig sollte in dieser Zeit sein Volumen verdreifachen. Danach 30 Minuten im Kühlschrank ruhen lassen.

Fortsetzung auf Seite 95

Verpacken

Die Panettoni zum Aufbewahren und Verschenken in Cellophan verpacken und mit einer Schleife dekorieren.

Für Teig 2

Teig 1 (s.o.)

30 g Panettone- oder Manitobamehl

1 g frische Hefe

40 g Zucker

1 Eigelb (kalt)

10 g kaltes Wasser

Aroma-Mix (s.o.)

6 g Salz

40 g weiche Butter

150 g Rosinen

150 g kandierte Zitrusfrüchte

Zum Bestreuen

Puderzucker

4 Für Teig 2 Teig 1 und Mehl in der Rührschüssel einer Küchenmaschine auf niedriger Stufe 5 Minuten kneten. Hefe und Zucker zum Teig geben und wieder 5 Minuten kneten. Eigelb und Wasser hinzufügen und weitere 5 Minuten kneten. Nun den Aroma-Mix und das Salz dazugeben und 3 Minuten kneten. Die weiche Butter hinzufügen und 5 Minuten kneten. Rosinen und gehackte kandierte Zitrusfrüchte dazugeben und ca. 1 Minute kneten, bis alles gut eingearbeitet ist. Teig abgedeckt 30 Minuten bei Zimmertemperatur ruhen lassen.

5 Den Teig auf die Arbeitsfläche geben, Hände und eine Teigkarte einölen. Den Teig mit der Teigkarte halbieren und beide Stücke zu kompakten, runden Teiglingen formen. Offen 30 Minuten ruhen lassen. Danach das Formen wiederholen, die Teiglinge in zwei Panettoneformen geben und an einem warmen Ort (z.B. in der Nähe der Heizung) gehen lassen. Ideal sind 26–28°C, dann braucht der Teig 4–5 Stunden zum Aufgehen; bei kühlerer Zimmertemperatur kann die Gehzeit 8–10 Stunden betragen. Der Teig ist ausreichend gegangen, wenn er bis 2 cm unter den Rand der Formen reicht.

6 Den Backofen auf 165°C Ober-/Unterhitze vorheizen.

7 Die Panettoni auf unterster Schiene 30 Minuten backen. Anschließend die Ofentemperatur auf 175°C erhöhen und die Panettoni weitere 10–20 Minuten backen, bis sie im Inneren eine Temperatur von 92°C erreicht haben. (Mit einem Fleischthermometer prüfen, alternativ eine Stäbchenprobe machen.)

8 Die Panettoni aus dem Ofen nehmen, jeweils rasch 2 Holzstäbchen knapp über dem Boden quer durch Papierformen und Panettoni stechen und die Kuchen kopfüber zwischen Bücherstapel oder über einen Kochtopf hängen, damit sie nicht in sich zusammenfallen und sich gut aushängen können. Mindestens 12 Stunden hängen lassen.

9 Die Panettoni mit Puderzucker bestreuen. Zum Aufbewahren und Verschenken in Cellophan verpacken.

Tipp

1 g Frischhefe entspricht einer kleinen Kugel in der Größe einer Kichererbse.

Samtschleifen

Die kleinen Schleifen erinnern an festliche Anlässe, liebevoll verpackte Geschenke und besondere Momente und sind zudem wunderbare dekorative Elemente.

Für 1 Schleife

1 m Samtband
1 Schere
Blumendraht zum Befestigen

• Schritt 1 • Die linke Hand mit dem Handrücken nach oben ausstrecken. Das Samtband von unten zwischen Ring- und Mittelfinger der linken Hand führen und so weit ziehen, bis beide Enden gleich lang sind. Mittel- und Zeigefinger auseinanderspreizen.

• Schritt 2 • Das Band zwischen Mittel- und Zeigefinger der linken Hand nach unten durchführen, um den Zeigefinger wickeln, unter dem Mittelfinger zurückführen und zwischen Mittel- und Ringfinger wieder nach oben führen. Zwischen Mittel- und Ringfinger wieder nach unten ziehen. Dabei darauf achten, dass die samtene Seite des Bandes immer nach oben zeigt.

Fortsetzung auf Seite 98

• Schritt 3 •

Das Band nun noch einmal um Zeige- und Mittelfinger führen.

• Schritt 4 •

Das Band zwischen Mittel- und Zeigefinger nach hinten durchführen.

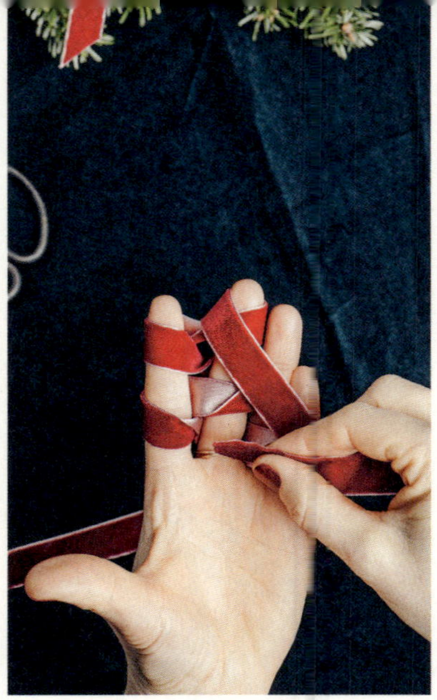

• Schritt 5 •

Das Bandende am Finger-ansatz unter den Schlingen zwischen Zeige- und Mittel-finger ansetzen.

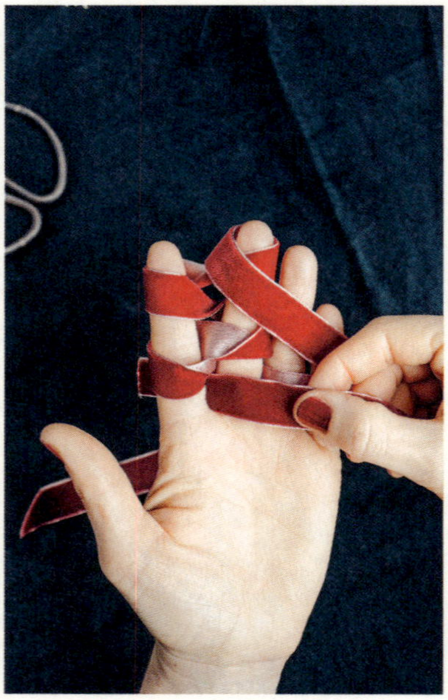

• Schritt 6 •

Das Band Richtung Hand-flächenseite durchfädeln.

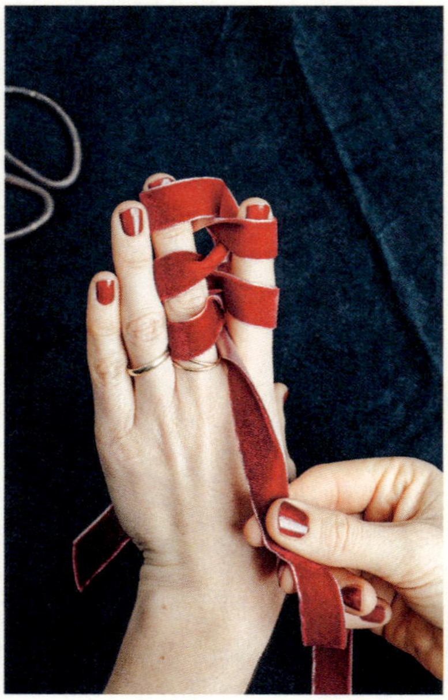

• Schritt 7 •

Das Band zwischen den Fingern durchziehen.

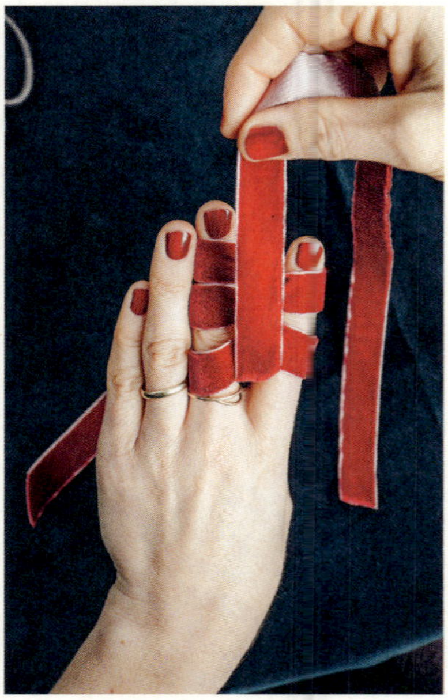

• Schritt 8 •

Das Band parallel zu den Fingern nach oben legen.

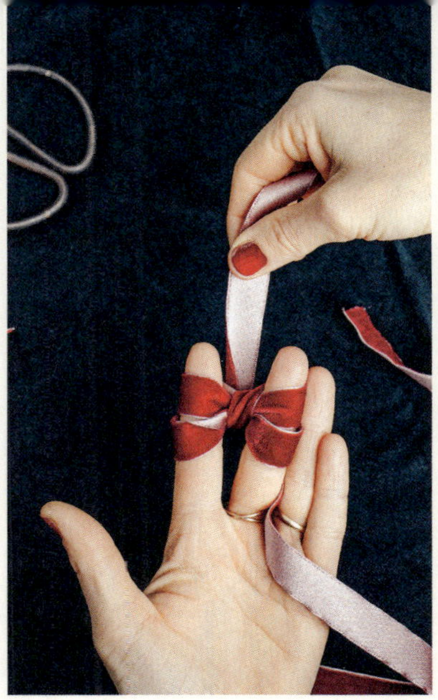

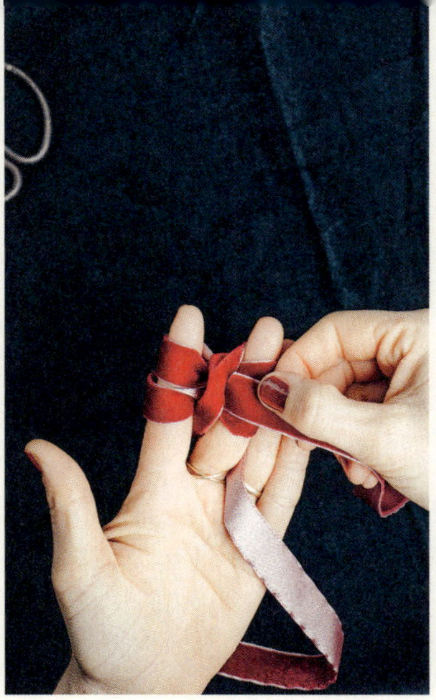

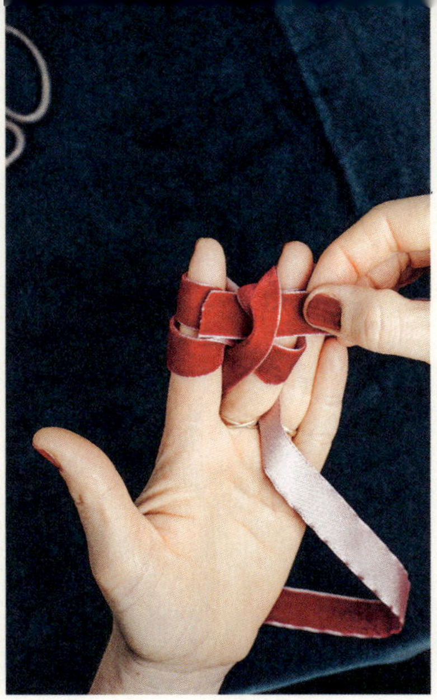

• Schritt 9 •

Das Band festziehen.

• Schritt 10 •

Das Band um den Mittelfinger herum auf die Handflächenseite führen und die senkrechte Verbindung etwas lockern.

• Schritt 11 •

Das Bandende durch die senkrechte Verbindung fädeln.

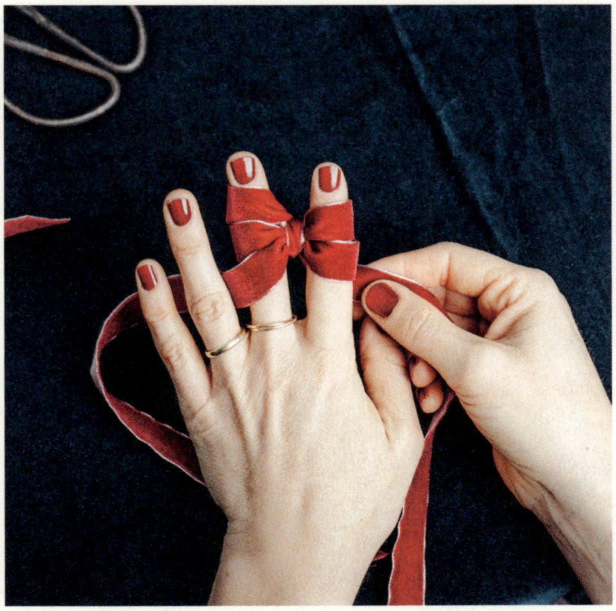

• Schritt 12 •

Das Band festziehen.

• Schritt 13 •

Nun kann die Schleife von der Hand genommen und zurechtgezupft werden.

Vorbereitungen für den Weihnachtsabend

Endlich ist es soweit

Der Weihnachtsstimmung auf die Sprünge helfen

In der Hektik des Alltags am Jahresende kann es manchmal schwierig sein, sich selbst in besinnliche Stimmung zu versetzen. Am besten kuschelt man sich dann auf dem Sofa ein, wärmt sich an einer heißen Tasse Tee und lässt sich von romantischen, herzerwärmenden und urkomischen Weihnachtsfilmen in festliche Stimmung bringen.

Der kleine Lord

Der britische Film aus dem Jahr 1980 ist ein echter Weihnachtsklassiker, der jedes Jahr zur Adventszeit im Fernsehen zu sehen ist, denn es geht um all jene Werte und Gefühle, die gerade an Weihnachten besonders wichtig sind. Erzählt wird die Geschichte des Jungen Cedric, der mit seiner Mutter im ausgehenden 19. Jahrhundert in bescheidenen Verhältnissen in New York City lebt. Als er erfährt, dass er der letzte Erbe eines englischen Grafen ist, zieht die kleine Familie nach England auf das Anwesen des Großvaters. Dieser ist ein mürrischer alter Mann, der einsam und allein in seinem gewaltigen Schloss lebt und für seinen Enkelsohn genauso wenig übrig hat wie für seine Untertanen.

Trotzdem freunden sich Cedric und sein Großvater langsam an und der alte Graf entdeckt schließlich durch seinen liebenswerten Enkel, dass es nicht die Besitztümer sind, die glücklich machen, sondern der Zusammenhalt einer liebenden Familie und wahre Freundschaft.

Ist das Leben nicht schön?

Der US-amerikanische Schwarz-Weiß-Film aus dem Jahr 1946 beginnt mit einem Drama: George, ein gutherziger Vater von vier Kindern, hat durch viel Pech und die Intrigen eines Rivalen seinen Lebensmut verloren und will sich am Weihnachtsabend von einer Brücke stürzen. Davon wird er von Clarence abgehalten, der von sich behauptet, ein Engel ohne Flügel zu sein. Zwar glaubt George diese Geschichte zunächst nicht, doch Clarence nimmt ihn mit auf eine Reise durch eine Welt, in der George nie existiert hat – und zeigt ihm damit, wie viel Gutes der junge Mann trotz aller Widrigkeiten in seinem Leben bereits vollbracht hat. George erkennt dadurch nicht nur den Wert von Ehrlichkeit und Nächstenliebe, sondern sieht auch, dass sich sogar mitten im größten Unglück etwas Hoffnung verstecken kann und man selbst oft nicht einmal weiß, welchen positiven Einfluss man auf die eigenen Mitmenschen hat – eine durch und durch weihnachtliche Botschaft.

Drei Haselnüsse für Aschenbrödel

Im Jahr 1973 flimmerte zum ersten Mal ein tschechischer Märchenfilm über die deutschsprachigen Fernseher – heute ist er ein geliebter Klassiker. Zwar spielt Weihnachten selbst in der Geschichte keine Rolle, doch das verschneite Schloss und die Schneelandschaft in den umliegenden Wäldern haben den Film zu einem echten Weihnachtsklassiker gemacht. Drei Haselnüsse für Aschenbrödel basiert auf der Grimm'schen Aschenputtel-Geschichte und wurde in der Mitte des 19. Jahrhunderts von der tschechischen Schriftstellerin Božena Němcová verfasst. Das Märchen erzählt von einer jungen Frau, die nach dem Tod ihres Vaters von ihrer herrischen Stiefmutter und deren Tochter unterdrückt wird. Als eines Tages das Königspaar mit dessen Sohn den Gutshof der Familie besucht, begegnen sich Aschenbrödel und der Prinz im Wald und verlieben sich bald ineinander. Mit der Hilfe dreier magischer Haselnüsse, die dem Aschenbrödel Wünsche erfüllen, gelingt es ihr, den Schikanen der Stiefmutter zu entkommen und den Prinzen für sich zu gewinnen.

Single Bells

Auch an Weihnachten muss es nicht immer ernst zugehen – der deutsch-österreichische Film widmet sich mit viel Humor der Frage, wie man Weihnachten mit der Familie am besten schadlos überstehen kann. Im Mittelpunkt steht die Wienerin Kati, die am Abend vor Weihnachten nach einem schlimmen Streit mit ihrem Freund beschließt, Weihnachten doch bei ihrer Schwester und deren Familie auf dem Land zu verbringen. Dort angekommen zeigt sich schnell, dass jedes Familienmitglied eine ganz andere Vorstellung vom perfekten Heiligen Abend hat und Konfliktsituationen sich auch zur besinnlichen Zeit nicht einfach in Luft auflösen. Nachdem die Situation am Weihnachtstag endgültig eskaliert, flüchtet Kati wieder zurück in die Stadt und stellt fest, dass Weihnachten auch dazu da ist, einfach mal auf den eigenen Bauch zu hören, statt andere zufriedenzustellen.

Oh Palmenbaum

In der Fortsetzung der Komödie „Single Bells" treffen die ungleichen Familienmitglieder wieder aufeinander – nach dem missglückten Weihnachten am Land wollen Kati und ihr Freund in diesem Jahr lieber zu zweit unter Palmen feiern und dabei auch gleich in aller Ruhe heiraten. Durch eine Reihe mehr oder weniger unglücklicher Zufälle ist aber schließlich auch die ganze erweiterte Familie an Bord und es geht gemeinsam nach Mauritius. Im Gepäck sind dabei auch alle familiären Konflikte, unterschiedliche Persönlichkeiten und entsprechend andere Vorstellungen, der Urlaub bleibt deshalb nicht ohne eine Reihe von Missverständnissen und skurrilen Streitereien. Nach einem holprigen Weihnachtsfest am Strand steht fest: Man muss sich in einer Familie gegenseitig so manches nachsehen – und sollte sich auch an Weihnachten manchmal einfach darauf einigen, dass man sich nicht einig wird.

Peter Rosegger

Das Weihnachtslied

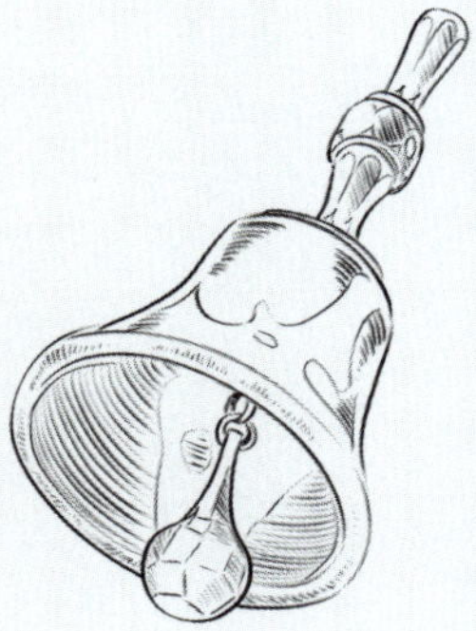

Seit Gott erschuf das Reich der Klänge,
Erschallen tausendfach Gesänge
Im Herzen traut und angenehm.
Doch niemals haben Menschenzungen
So hehr und süß ein Lied gesungen
Als jenes war zu Bethlehem.

Da Lob dem Herrn, so hört ich's schallen,
Und Friede sei den Menschen allen,
Die eines guten Wollens sind.
Wohl um den Erdkreis klingt die Kunde
Von jener einzig großen Stunde,
Da uns erschien das Jesuskind.

O tönt, ihr Harfen, klingt, Metalle,
O singt, ihr Pfeifen, Kehlen alle:
Dem Herrn die Ehr, dem Menschen Fried!
Fanfarenstoß, Kanonenbrummen,
Sie werden gänzlich eins verstummen
Vor diesem sanften Gotteslied.

Und wenn des Weihnachtsliedes Mahnen
Wir sind gedenk im heiligen Ahnen,
So wird im neuen Gottesreich
Das Osterlied, Posaunenrufen
Uns grüßen an des Thrones Stufen:
Der Friede, Kinder, sei mit euch!

Gebeizter Bachsaibling

auf Sauerteigblini mit Labneh und Fenchel

Das Garen in Salz und Zucker ist eine sehr alte und wunderbare Methode für garantiert zarten Fisch. Die Blini lassen sich wunderbar vorbereiten, individuell belegen und sind ein idealer Begleiter zum weihnachtlichen Aperitivo.

Für 4 Portionen

Für den Senfkaviar

150 ml Weißweinessig
70 ml Apfelsaft oder Wasser
50 g Zucker
5 g Salz
100 g gelbe Senfsamen

Für den Labneh

250 g griechischer Joghurt (10 % Fettgehalt)

1 Mindestens zwei Tage vor dem Servieren für den Senfkaviar Essig, Saft bzw. Wasser, Zucker und Salz in einem kleinen Topf erwärmen, bis sich Zucker und Salz aufgelöst haben. Die Flüssigkeit in ein Einmachglas gießen.

2 Senfsamen in den Topf geben, mit kaltem Wasser bedecken und einmal aufkochen lassen. Senfsamen abseihen und 3–4 weitere Male wie beschrieben aufkochen. Dadurch werden die Bitterstoffe ausgewaschen.

3 Senfsamen zur Flüssigkeit in das Glas geben und 2–3 Tage bei Zimmertemperatur ziehen lassen. Anschließend im Kühlschrank lagern – Reste halten sich mehrere Monate.

4 Am Vortag für den Labneh ein Sieb mit einem Küchentuch auskleiden und über eine Schüssel legen. Joghurt in das Tuch geben, mit den Tuchenden abdecken und über Nacht im Kühlschrank abtropfen lassen. (Die abgetropfte Molke anderweitig verwenden, z.B. für die Blini.)

Fortsetzung auf Seite 113

Tipps

Wer keinen Sauerteig vorrätig hat, kann ihn auch weglassen.

Die Blini schmecken auch wunderbar mit Obstkompott und ein paar Tropfen Ahornsirup oder Honig. Sie lassen sich zudem sehr gut einfrieren.

Für den Fisch

je 1 TL Koriander- und Fenchelsamen

2 Wacholderbeeren

1 Bund Dill

100 g Salz

100 g Zucker

fein abgeriebene Schale von 1 Bio-Zitrone

1 großes Bachsaiblingsfilet mit Haut

1 vorgegarte Rote Bete (s. S. 117)

Für die Blini

60 g Butter

150 g Weizenmehl oder eine Mischung aus Dinkelmehl und Weizenvollkornmehl

4 g Weinsteinbackpulver

6 g Natron

5 g Salz

250 ml Molke (z. B. aus der Labneh-Herstellung), Buttermilch oder Milch

60 g Joghurt

200 g reifer Sauerteig oder Sauerteigreste

2 Eigelb (M)

4 Eiweiß (M)

Olivenöl zum Braten

Für den Fenchel

½ Fenchelknolle

1 EL Olivenöl

1 TL Saft und etwas fein abgeriebene Schale von 1 Bio-Zitrone

Salz

5 Ebenfalls am Vortag für den gebeizten Saibling Koriander, Fenchel und Wacholder im Mörser grob zerstoßen. Eine Handvoll Dillspitzen abzupfen und für die Garnitur in ein feuchtes Tuch eingewickelt im Kühlschrank aufbewahren. Restlichen Dill grob hacken und mit den gemörserten Gewürzen, Salz, Zucker und Zitronenschale vermengen. Saiblingsfilet halbieren, von eventuell noch vorhandenen Gräten befreien und mit der Hautseite nach unten auf ein großzügig bemessenes Stück Frischhaltefolie legen. Die Beize gleichmäßig auf beiden Fischhälften verteilen. Rote Bete darüberreiben und nun die beiden Fischstücke mit den mit Beize bedeckten Seiten aufeinanderlegen. Gut und fest in die Folie wickeln (evtl. doppelt. In eine Schale legen, ein Brett darauflegen und dieses mit Dosen, Flaschen oder einer Auflaufform beschweren. Den Fisch mindestens 12 Stunden im Kühlschrank beizen.

6 Am Tag des Servierens für die Blini die Butter schmelzen. Mehl, Backpulver, Natron und Salz in einer großen Schüssel vermengen. Molke bzw. (Butter-)Milch, Joghurt, Sauerteig, geschmolzene Butter und Eigelb in einer zweiten Schüssel verrühren, zur Mehlmischung geben und alles gut vermengen. Eiweiß zu Schnee schlagen und vorsichtig unter den Teig heben.

7 Den Backofen auf 120°C Ober-/Unterhitze vorheizen. Eine Pfanne erhitzen, 1 TL Olivenöl hineingeben und den Teig esslöffelweise in die Pfanne geben. Sieht die Oberfläche der Blini nicht mehr feucht aus und der Teig hat sich gesetzt, die Blini wenden und auch auf der zweiten Seite goldbraun backen. Mit dem restlichen Teig ebenso verfahren. (Ab diesem Zeitpunkt braucht es oft kein zusätzliches Öl für die Pfanne mehr.) Fertige Blini auf einem Teller im Backofen warm halten.

8 Fenchel fein hobeln oder mit einem scharfen Messer in hauchdünne Scheiben schneiden. Mit Olivenöl, Salz, Zitronensaft und -schale marinieren.

9 Saibling aus der Folie wickeln und die Beize mit einem Messerrücken abkratzen. Fisch schräg in dünne Scheiben schneiden.

10 Blini mit jeweils 1 TL Labneh, etwas Fenchel, 2–3 Scheiben Fisch und ½ TL Senfkaviar belegen. Mit Dill garnieren und servieren.

Birnen-Sellerie-Suppe

mit Sterncroûtons

Die Süße der Birnen passt hervorragend zum nussig-herben Geschmack des Selleries. Die Croûtons lassen auch in die Tage gekommenes Brot wieder glänzen wie die Sterne am Firmament.

Für 4 Portionen

Für die Suppe

2 Schalotten
1 kleine Sellerieknolle
2 Birnen
2–3 cm frischer Ingwer
1 EL Butter
1 EL Olivenöl plus mehr zum Beträufeln
1 TL Honig
1 Lorbeerblatt
2 Zweige Thymian
1 TL Fenchelsamen
1 TL fein abgeriebene Bio-Zitronenschale
1 Schuss Weißwein
700 ml Gemüsefond
200 ml Kokosmilch
evtl. etwas Milch
Salz, Fleur de Sel und Pfeffer

Für die Sterncroûtons

4 Scheiben Brioche (s. S. 38) oder Toastbrot
20 g Butter

1 Für die Suppe Schalotten schälen und fein würfeln. Sellerie und Birnen schälen, das Kerngehäuse der Birnen entfernen, Birnenfruchtfleisch und Sellerie in grobe Stücke schneiden. Ingwer schälen und fein schneiden oder reiben.

2 Butter und Olivenöl in einem Topf erhitzen und die Schalotten darin bei niedriger Hitze glasig anschwitzen. Honig hinzufügen und leicht karamellisieren lassen.

3 Sellerie, Birnen, Ingwer, Lorbeer, Thymian, Fenchel und Zitronenschale in den Topf geben und kurz anschwitzen. Mit Weißwein ablöschen und diesen einige Minuten einreduzieren lassen. Danach mit Gemüsefond aufgießen, Kokosmilch hinzufügen und ca. 20 Minuten köcheln lassen.

4 In der Zwischenzeit für die Croûtons aus den Brotscheiben Sterne ausstechen oder mit einem scharfen Messer ausschneiden. Auf beiden Seiten in einer Pfanne in Butter sanft goldbraun rösten.

5 Lorbeer und Thymian aus dem Topf nehmen und die Suppe fein pürieren. Je nach Konsistenz einen Schluck Wasser oder Milch hinzufügen. Mit Salz und Pfeffer abschmecken.

6 Die Suppe in Schüsseln verteilen, mit ein paar Tropfen Olivenöl beträufeln und mit Fleur de Sel bestreuen. Die Briochesterne in die Suppe legen oder separat dazu reichen.

Tipp

Briocheabschnitte in Würfel oder kleine Stücke schneiden, im Backofen rösten und als knuspriges Topping für Salate und Suppen aufbewahren.

Räucherforelle

mit Wintersalat und Zitrusfrüchten

Fische zu räuchern gehört mittlerweile zu unserer Weihnachtstradition und vereint auf wunderschöne Weise den Rauch der Kulinarik mit den Räucherritualen der Raunächte. Beides benötigt Geduld und Aufmerksamkeit – zwei Tugenden, die nicht nur zu Weihnachten wichtig sind.

Für 4 Portionen

Für den Salat

3 kleine Rote Beten
1 Grapefruit
1 kleiner Kopf Radicchio di Castelfranco
1 Räucherforelle (ca. 250 g)
1 Schalotte
2 Kumquats
2–3 Zweige Dill
Salz, Fleur de Sel

Für das Dressing

1 TL Dijonsenf
5 EL Olivenöl
2 EL Apfelessig
Saft von 1 Bio-Orange
Salz

1 Rote Beten in Salzwasser 30–40 Minuten kochen, abseihen und kurz kalt abschrecken. Anschließend schälen (sind die Rüben weich genug, geht das gut mit den Händen und die Knollen gleiten meist ganz leicht aus der Haut).

2 Die Grapefruit mit einem kleinen scharfen Messer schälen, dabei auch die weiße Haut entfernen. Frucht in dünne Scheiben schneiden und diese auf einen großen Teller legen. Radicchio vierteln. Rote Beten in Spalten schneiden und mit dem Radicchio auf den Grapefruitscheiben anrichten.

3 Räucherforellenfleisch von Haut und Gräten lösen und in Stücke teilen. Ebenfalls auf dem Teller verteilen.

4 Für das Dressing alle Zutaten in ein Schraubglas mit Deckel geben und gut durchschütteln. Großzügig über den Salat träufeln.

5 Schalotte schälen und in sehr dünne Scheiben schneiden. Kumquats ebenfalls in dünne Scheiben schneiden. Beides mit dem Dill auf dem Salat verteilen. Mit Fleur de Sel bestreut servieren.

Tipp

Dazu passt gutes Sauerteigbrot (s. S. 31) oder Brioche (s. S. 38).

Anton Reidinger

Es wird scho glei dumpa

Es wird scho glei dumpa, es wird scho glei Nåcht,
drum kimm i zu dir her, mei Heiland auf d'Wåcht.
Will singen a Liadl dem Liebling, dem kloan,
du mågst jå net schlåfn, i hea di nur woan.
Hei hei, hei hei! Schlåf süaß, herzliabs Kind!

Vergiss hiaz, o Kinderl, dein Kummer, dei Load,
dass d' dådå muaßt leidn im Ståll auf da Hoad.
Es ziern jå die Engerl dei Liegerstatt aus.
Mecht schena nit sein drin in König sei Haus.
Hei hei, hei hei! Schlåf süaß, herzliabs Kind!

Jå Kinderl, du bist hoit im Kripperl so schen,
mi ziemt, i kånn nimmer då weg von dir gehn.
I wünsch dir von Herzen die sißeste Ruah,
die Engerl vom Himmel, die deckn die zua.
Hei hei, hei hei! Schlåf süaß, herzliabs Kind!

Måch zua deine Äuagal in Ruah und in Fried
und gib mir zum Åbschied dein Segn no gråd mit!
Aft werd jå mei Schlaferl a sorgenlos' sein,
aft kånn i mir ruahli aufs Niederlegn gfrein.
Hei hei, hei hei! Schlåf süaß, herzliabs Kind!

Der Weihnachtsbaum

Der Dezember hat seinen Gang genommen, der Weihnachtsabend naht – einer der wichtigsten Bestandteile für das große Fest fehlt aber noch: In den Tagen vor Weihnachten beginnt die Suche nach dem schönsten Tannenbaum für die Stube. Wer ein Stück Wald sein Eigen nennen darf, zieht los, um den Weihnachtsbaum eigenhändig zu fällen.

Schon in der Antike nutzte man immergrüne Pflanzen zur Dekoration und als Symbol für den Triumph des Lebens über alle Widrigkeiten – im Rahmen der Saturnalien, des Winterfestes zu Ehren des Gottes Saturn, schmückten die alten Römer ihre Häuser etwa mit Lorbeerzweigen. Auch für Angehörige heidnischen Glaubens im europäischen Norden waren immergrüne Zweige ein Symbol für das Gute und den Kampf gegen böse Geister.

Vorfahre und Ursprung des heutigen Weihnachtsbaums dürfte außerdem der mit Äpfeln geschmückte Paradiesbaum gewesen sein, mit dem man in Kirchen und anderen heiligen Orten des Mittelalters an die Vertreibung von Adam und Eva aus dem Paradies erinnerte.

Zwar reklamieren heute die waldreichen Länder Lettland und Estland die Erfindung des inzwischen in allen christlichen Ländern und Kulturen üblichen Brauches für sich, wahrscheinlicher ist aber eine andere Herkunftsgeschichte. So erzählen mehrere alte Aufzeichnungen aus dem früheren 16. Jahrhundert davon, dass im heutigen Frankreich zur Weihnachtszeit geschmückte Tannenbäume in Kirchen aufgestellt wurden. Eine Chronik aus dem Jahr 1539 berichtet etwa von einem Weihnachtsbaum im Straßburger Dom. Eine andere Geschichte erzählt davon, dass die erste Person, die einen Baum als Symbol für das ewige Licht Christi mit Kerzen geschmückt haben soll, ausgerechnet eine der bekanntesten Persönlichkeiten der Kirchengeschichte ist. Dass Martin Luther aber tatsächlich den Weihnachtsbaum „erfunden“ hat, dürfte eher Legende als Fakt sein.

Im Laufe des 18. Jahrhunderts setzte sich der Brauch, zu Weihnachten einen geschmückten Tannenbaum in die Stube zu stellen, in wohlhabenden Häusern in ganz Mitteleuropa durch – allerdings zunächst ausschließlich in den Städten. Bis er auch in den bäuerlichen Gegenden des Alpenraums angekommen war, dauerte es noch eine Weile, denn hier waren andere Traditionen vorherrschend. So wurde die Stube um Weihnachten vor allem mit Krippendarstellungen geschmückt, die Krippe galt hier als wichtigstes und zentrales Symbol für das Weihnachtsfest und seine religiöse Bedeutung. Statt ganzer Bäume nutzte man zusätzlich immergrüne Zweige für die Dekoration. Durch den zunehmenden Kontakt mit den städtischen Gepflogenheiten fand der Weihnachtsbaum aber im 19. Jahrhundert schließlich auch seinen Weg in die kleinen, zum Teil abgelegenen Siedlungen des Berglandes.

Heute gehört der Weihnachtsbaum als fixer Bestandteil zur Alpenweihnacht, geschmückt wird er in diesen Regionen allerdings noch immer ein wenig anders: Selbst gemachter Baumschmuck aus Stroh ersetzt häufig noch immer die Kugeln, statt elektrischem Licht werden traditionell Kerzen aus Bienenwachs entzündet.

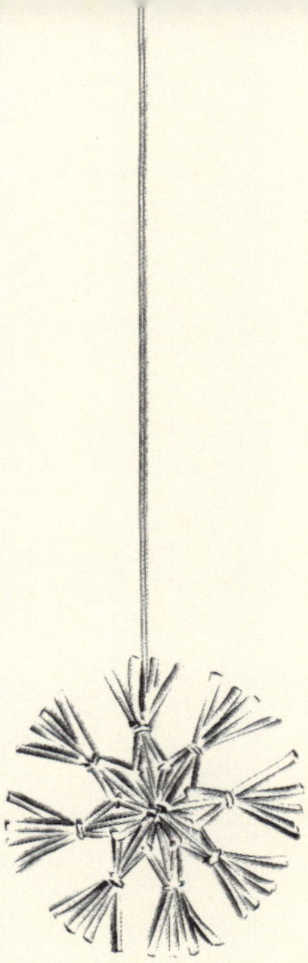

Immergrüne Pflanzen gelten seit langer Zeit als Symbol für den Triumph des Lebens über alle Widrigkeiten – ob mit Schmuck oder ohne.

Traditioneller Baumschmuck: der Strohstern

Auch eines der liebsten Baumschmuck-Elemente der ganzen Alpen- und Voralpenregion hat ihren Ursprung in religiösen Motiven: Mit aus Strohhalmen gebastelten Sternen sollte einst einerseits Jesu Geburt in einem wohl mit Stroh ausgelegten Stall gedacht werden, die Sternform erinnerte außerdem an den Stern von Bethlehem, der den Hirten den Weg zum Jesukind wies.

Dass die Bewohner der Bergdörfer in Österreich, Süddeutschland, der Schweiz und Südtirol Dekorationsartikel aus Stroh bastelten, hatte aber früher auch ganz pragmatische Gründe. Stroh gab es auf den Höfen zuhauf, es handelte sich schon im Mittelalter um eines der wenigen Güter, die auch den Ärmsten in üppiger Fülle zur Verfügung standen. In der kalten Jahreszeit, wenn die Felder brach lagen und es weniger zu tun gab als in den arbeitsreichen Frühlings- und Sommermonaten, dürfte das Basteln außerdem ein willkommener Zeitvertreib gewesen sein.

Lebkuchen-Anhänger

Diese Anhänger sehen nicht nur hübsch aus, sie riechen noch dazu himmlisch und tauchen den ganzen Raum in Weihnachtsduft. Sie lassen sich mit dem Weihnachtsschmuck verstauen und im nächsten Jahr wieder aufhängen.

Für ca. 30 Anhänger

100 g Honig
50 ml Ahornsirup
150 g brauner Zucker
170 g Butter
500 g Weizenmehl
2 Eier (M)
1 TL Natron
1 Prise Salz
2 TL Lebkuchengewürz

Für die Glasur

2 Eiweiß (ca. 50 g)
250 g Puderzucker

• Schritt 1 • Für den Teig Honig, Ahornsirup, Zucker und Butter in einem Topf bei niedriger Hitze schmelzen, bis sich der Zucker aufgelöst hat.

• Schritt 2 • Mehl, Honigmischung, 1 Ei, Natron, Salz und Lebkuchengewürz in der Rührschüssel einer Küchenmaschine zu einem sehr weichen Teig kneten. Am besten über Nacht, mindestens jedoch 2 Stunden im Kühlschrank durchziehen lassen.

• Schritt 3 • Den Backofen auf 175°C Ober-/Unterhitze vorheizen.

• Schritt 4 • Den Lebkuchenteig auf der Arbeitsfläche 3–4 mm dünn ausrollen und zu beliebigen Ornamenten ausstechen. Das zweite Ei verquirlen und auf die Lebkuchen streichen. Mit einem Holzstäbchen am oberen Ende jedes Ornaments ein Loch hineinstechen (ruhig großzügig bemessen, denn die Löcher verbacken sich ein wenig). Auf ein mit Backpapier ausgelegtes Backblech legen und auf mittlerer Schiene 10–12 Minuten backen.

• Schritt 5 • Für die Glasur Eiweiß und Puderzucker in der Küchenmaschine auf mittlerer Stufe 5 Minuten zu einem kompakten Schnee aufschlagen. Die Glasur in einen Einmalspritzsack füllen, ein kleines Loch in die Spitze des Sacks schneiden und die Motive nach Lust und Laune verzieren.

Tipp

Eigelb hält sich im Kühlschrank gut verschlossen 2 Tage. Vielleicht die Gelegenheit, die Brioche von Seite 38 auszuprobieren.

Joachim Ringelnatz

Der Weihnachtsbaum

Es ist eine Kälte, dass Gott erbarm!
Klagte die alte Linde,
Bog sich knarrend im Winde
Und klopfte leise mit knorrigem Arm
Im Flockentreiben
An die Fensterscheiben.
Es ist eine Kälte! Dass Gott erbarm!
Drinnen im Zimmer war's warm.
Da tanzte der Feuerschein so nett
Auf dem weißen Kachelofen Ballett.
Zwei Bratäpfel in der Röhre belauschten,
Wie die glühenden Kohlen
Behaglich verstohlen
Kobold- und Geistergeschichten tauschten.
Dicht am Fenster im kleinen Raum
Da stand, behangen mit süßem Konfekt,
Vergoldeten Nüssen und mit Lichtern besteckt,
Der Weihnachtsbaum.
Und sie brannten alle, die vielen Lichter,
Aber noch heller strahlten am Tisch
(Es lässt sich wohl denken
Bei den vielen Geschenken)
Drei blühende, glühende Kindergesichter. –
Das war ein Geflimmer
Im Kerzenschimmer!
Es lag ein so lieblicher Duft in der Luft
Nach Nadelwald, Äpfeln und heißem Wachs.
Tatti, der dicke Dachs,
Schlief auf dem Sofa und stöhnte behaglich.
Er träumte lebhaft, wovon, war fraglich,
Aber ganz sicher war es indessen,
Er hatte sich schon (die Uhr war erst zehn)
Doch man musste's gestehn,
Es war ja zu sehn,
Er hatte sich furchtbar überfressen. –
Im Schaukelstuhl lehnte der Herzenspapa
Auf dem nagelneuen Kissen und sah
Über ein Buch hinweg auf die liebe Mama,
Auf die Kinderfreude und auf den Baum.
Schade, nur schade,
Er bemerkte es kaum,
Wie schnurgerade
Die Bleisoldaten auf dem Baukasten standen
Und wie schnell die Pfefferkuchen verschwanden.
– Und die liebste Mama? – Sie saß am Klavier.
Es war so schön, was sie spielte und sang,
Ein Weihnachtslied, das zu Herzen drang.
Lautlos horchten die andern Vier.
Der Kuckuck trat vor aus der Schwarzwälderuhr,
Als ob auch ihm die Weise gefiel.
Leise, ergreifend verhallte das Spiel.
Das Eis an den Fensterscheiben taute
Und der Tannenbaum schaute
Durchs Fenster die Linde
Da draußen, kahl und beschneit
Mit ihrer geborstenen Rinde.
Da dachte er an verflossene Zeit
Und an eine andere Linde,
Die am Waldesrand einst neben ihm stand,
Sie hatten in guten und schlechten Tagen
Einander immer so lieb gehabt.
Dann wurde die Tanne abgeschlagen,
Zusammengebunden und fortgetragen.
Die Linde, die Freundin, die ließ man stehn.
Auf Wiedersehn! Auf Wiedersehn!
So hatte sie damals gewinkt noch zuletzt. –
Ja, daran dachte der Weihnachtsbaum jetzt,
Und keiner sah es, wie traurig dann
Ein Tröpfchen Harz, eine stille Träne,
Aus seinem Stamme zu Boden rann.

Die Thomasnacht

Zwar ist der Dezember die Zeit der Besinnlichkeit und Vorfreude, aber er ist auch die dunkelste Phase des Jahres: Im Verlauf des Monats werden die Tage stetig kürzer, bis die Sonne am 21. Dezember am tiefsten steht und die längste Nacht des ganzen Jahres herannaht – bevor die Tage wieder länger werden. Die Wintersonnenwende ist in allen traditionsreichen Gesellschaften ein wichtiges Ereignis. Schon in keltischen und heidnischen Kulturen handelte es sich um eine Wendezeit, die mitunter ausufernd gefeiert und mit zahlreichen Ritualen begangen wurde. Auch in den bäuerlichen Regionen des Berglandes wird diese Zeit der Veränderung festlich begangen, schließlich folgt auf sie mit den stetig mehr werdenden täglichen Sonnenstunden das langsame Wiedererwachen der Natur. In den Alpen erblickt man deshalb in dieser Nacht vielfach helle Punkte in der Landschaft: Bei Sonnwendfeuern verabschiedet man sich auch symbolisch vom vergehenden Jahr und bereitet sich auf das kommende vor. Oft wird die Nacht der Wintersonnenwende auch zu den Raunächten gezählt, in denen gute und böse Geister den Menschen besonders nahe kommen.

In vielen Gegenden im Alpenraum ist der 21. Dezember aber nicht nur der Tag der Wintersonnenwende, sondern auch der des Heiligen Thomas. Der Apostel ist in der Religionsgeschichte auch als „ungläubiger Thomas“ bekannt, zweifelte er doch in der Bibel am längsten an der Auferstehung Jesu und verlangte Beweise für das geschehene Wunder.

Die Thomasnacht gilt als besonders mystisch und ist deshalb mit einer Vielzahl von Ritualen verbunden. In den Alpen ist der 21. Dezember aber auch ein sogenannter Lostag – er soll also Aufschlüsse über das Wetter der folgenden Wochen und Monate bieten. Dazu besagt eine alte Bauernregel: „Wie St. Thomas sich verhält, ist der Winter eingestellt.“

Neben dem zukünftigen Wetter lassen sich dem Volksglauben nach aber am Tag des Heiligen Thomas noch viele andere in der Zukunft liegende Dinge erkennen, Orakelbräuche sollen eine nahende Hochzeit voraussagen oder auch zeigen, ob das kommende Jahr von Glück oder Unglück bestimmt sein wird.

Blick in die Zukunft: Orakelbräuche in der Thomasnacht

In Salzburg und Oberösterreich nutzen junge Unverheiratete die längste Nacht des Jahres, um sich mit kommenden Liebesdingen zu beschäftigen: Beim Patschenwerfen soll geweissagt werden, ob sich im nächsten Jahr eine neue Liebe einstellen wird. Dazu wird mit dem Rücken zur Tür ein Schuh oder Hausschuh, im österreichischen Dialekt „Patschen“, über die Schulter geworfen und dann unter die Lupe genommen, wie das Schuhwerk am Boden zu liegen gekommen ist: Weist die Schuhspitze Richtung Tür, ist mit dem baldigen Erscheinen eines neuen Liebhabers oder einer neuen Liebhaberin und damit dem nahenden Auszug aus dem elterlichen Haus zu rechnen.

In derselben Region ist auch das Hü(a)tlheben oder Lassln gebräuchlich. Dabei werden neun Hüte auf den Tisch gelegt, unter jedem davon befindet sich ein Symbol, das Aufschluss über die Zukunft geben soll: Ringe zeigen eine nahende Vermählung an, ein Schlüssel steht für den Umzug in ein neues Heim, eine Münze symbolisiert Geldsegen. Wer mehr über die eigene Zukunft wissen möchte, verlässt den Raum, die anderen Anwesenden mischen dann die Hüte durcheinander. Dann wird ein Hut gelüftet und das darunter befindliche Symbol zeigt die Veränderung des neuen Jahres an. In manchen Gegenden wurde dieses Ritual seinerzeit sogar dreimal hintereinander durchgeführt – erwischte man dabei mehr als einmal dasselbe Symbol, galt das symbolisierte Ereignis als gesichert. In früherer Zeit befand sich oft auch ein leerer Hut auf den Tisch – wer diesen auswählte, dem drohte Unglück oder sogar der Tod.

Um in der Thomasnacht auf das kommende Jahr zu blicken, nutzt man auf den Höfen auch die eigenen Vorräte: Beim Apfelkernzählen verrät die Anzahl der Kerne, was das neue Jahr bringen wird. Traditionell wird dazu ein Apfel von einem hauseigenen Baum mittig quer aufgeschnitten, sodass das Kerngehäuse sternförmig zu sehen ist – will man Informationen über das künftige Liebesleben herausfinden, sollte es ein roter Apfel sein. Dann wird gezählt, wie viele Kerne dabei zum Vorschein gekommen sind: Eine gerade Anzahl von Kernen soll jedenfalls Glück verheißen, während eine ungerade Anzahl ein Jahr voller Herausforderungen und Hindernisse ankündigt. Wurde beim Durchschneiden des Apfels ein Kern entzweigeschnitten, ist besondere Vorsicht geboten, denn dann steht ein Streit ins Haus.

Manfred Kyber

Der Schneemann

Es war einmal ein Schneemann, der stand mitten im tief verschneiten Walde und war ganz aus Schnee. Er hatte keine Beine und Augen aus Kohle und sonst nichts und das ist wenig. Aber dafür war er kalt, furchtbar kalt. Das sagte auch der alte griesgrämige Eiszapfen von ihm, der in der Nähe hing und noch viel kälter war.

„Sie sind kalt!“, sagte er ganz vorwurfsvoll zum Schneemann. Der war gekränkt. „Sie sind ja auch kalt,“ antwortete er. „Ja, das ist etwas ganz anderes“, sagte der Eiszapfen überlegen.

Der Schneemann war so beleidigt, dass er fortgegangen wäre, wenn er Beine gehabt hätte. Er hatte aber keine Beine und blieb also stehen, doch nahm er sich vor, mit dem unliebenswürdigen Eiszapfen nicht mehr zu sprechen. Der Eiszapfen hatte unterdessen was anderes entdeckt, was seinen Tadel reizte: Ein Wiesel lief über den Weg und huschte mit eiligem Gruß an den beiden vorbei.

„Sie sind zu lang, viel zu lang!“, rief der Eiszapfen hinter ihm her, „wenn ich so lang wäre wie Sie, ginge ich nicht auf die Straße!“ – „Sie sind doch auch lang“, knurrte das Wiesel verletzt und erstaunt. „Das ist etwas ganz anderes!“, sagte der Eiszapfen mit unverschämter Sicherheit und knackte dabei ordentlich vor lauter Frost. Der Schneemann war empört über diese Art, mit Leuten umzugehen, und wandte sich, soweit ihm das möglich war, vom Eiszapfen ab. Da lachte was hoch über ihm in den Zweigen einer alten schneeverhangenen Tanne, und wie er hinaufsah, saß ein wunderschönes, weißes, weiches Schnee-Elfchen oben und schüttelte die langen hängenden Haare, dass tausend kleine Schneesternchen herab fielen und dem armen Schneemann gerade auf den Kopf. Das Schnee-Elfchen lachte noch lauter und lustiger, dem Schneemann aber wurde ganz seltsam zumut und er wusste gar nicht, was er sagen sollte, und da sagte er schließlich: „Ich weiß nicht, was das ist ...“ – „Das ist etwas ganz anderes“, höhnte der Eiszapfen neben ihm.

Aber dem Schneemann war so seltsam zumute, dass er gar nicht mehr auf den Eiszapfen hörte, sondern immer hoch über sich auf den Tannenbaum sah, in dessen Krone sich das weiße Schnee-Elfchen wiegte und die langen hängenden Haare schüttelte, dass tausend kleine Schneesternchen herab fielen. Der Schneemann wollte unbedingt etwas sagen über das eine, von dem er nicht wusste, was es war, und von dem der Eiszapfen sagte, dass es etwas ganz anderes wäre. Er dachte schrecklich lange darüber nach, sodass ihm die Kohlenaugen ordentlich herausstanden vor lauter Gedanken, und schließlich wusste er, was er sagen wollte, und da sagte er: „Schnee-Elfchen im silbernen Mondenschein, du sollst meine Herzallerliebste sein!“

Dann sagte er nichts mehr, denn er hatte das Gefühl, dass nun das Schnee-Elfchen etwas sagen müsse, und das war ja wohl auch nicht unrichtig.

Das Schnee-Elfchen sagte aber nichts, sondern lachte so laut und lustig, dass die alte Tanne, die doch sonst gewiss nicht für Bewegung war, missmutig und erstaunt die Zweige schüttelte und sogar vernehmlich knarrte. Da wurde es dem armen, kalten Schneemann so brennend heiß ums Herz, dass er anfing vor lauter brennender Hitze zu schmelzen, und das war nicht schön. Zuerst schmolz der Kopf, und das ist das Unangenehmste – später geht's ja leichter. Das Schnee-Elfchen aber saß ruhig hoch oben in der weißen Tannenkrone und wiegte sich und lachte und schüttelte die langen hängenden Haare, dass tausend kleine Schneesternchen herab fielen. Der arme Schneemann schmolz immer weiter und wurde immer kleiner und armseliger und das kam alles von dem brennenden Herzen. Und das ist so weitergegangen und der Schneemann war schon fast kein Schneemann mehr, da ist der heilige Abend gekommen und die Englein haben die goldnen und silbernen Sterne am Himmel geputzt, damit sie schön glänzen in der heiligen Nacht. Und da ist etwas Wunderbares geschehen: Wie das Schnee-Elfchen den Sternenglanz der heiligen Nacht gesehen hat, da ist ihm so seltsam zumute geworden und da hat's mal auf den Schneemann heruntergesehen, der unten stand und schmolz und eigentlich schon so ziemlich zerschmolzen war. Da ist's dem Schnee-Elfchen so brennend heiß ums Herz geworden, dass es herunter gehuscht ist vom hohen Tann und den Schneemann auf den Mund geküsst hat, so viel noch davon übrig war. Und wie die beiden brennenden Herzen zusammen waren, da sind sie alle beide so schnell geschmolzen, dass sich sogar der Eiszapfen darüber wunderte, so ekelhaft und unverständlich ihm die ganze Sache auch war. So sind nur die beiden brennenden Herzen nachgeblieben, und die hat die Schneekönigin geholt und in ihren Kristallpalast gebracht, und da ist's wunderschön und der ist ewig und schmilzt auch nicht. Und zu alledem läuteten die Glocken der heiligen Nacht.

Als aber die Glocken läuteten, ist das Wiesel wieder herausgekommen, weil es so gerne das Glockenläuten hört, und da hat's gesehen, dass die beiden weg waren. „Die beiden sind ja weg“, sagte es, „das ist wohl der Weihnachtszauber gewesen.“

„Ach, das war ja etwas ganz anderes!“, sagte der Eiszapfen rücksichtslos und das Wiesel verzog sich empört in seine Behausung. Auf die Stelle aber, wo die beiden geschmolzen waren, fielen tausend und abertausend kleine weiße, weiche Flocken, sodass niemand mehr was von ihnen sehn und sagen konnte. Nur der Eiszapfen hing noch genau so da, wie er zuerst gehangen hatte, und der wird auch niemals an einem brennenden Herzen schmelzen und auch gewiss nicht in den Kristallpalast der Schneekönigin kommen – denn der ist eben etwas ganz anderes!

Weihnachtliches auf dem Tisch

Weihnachten ist ein Fest der Freude, der Familie – und des guten Essens. Zwar steht das Beisammensein mit den Liebsten an Heiligabend im Mittelpunkt, doch auch in Bezug auf den Genuss handelt es sich meist um einen echten Festtag. Dabei spielen oft kulinarische Traditionen eine Rolle, die je nach Land und Region, aber auch von Familie zu Familie unterschiedlich sind und über Generationen überliefert wurden.

Wer an das klassische Weihnachtsessen denkt, hat dabei oft das Bild einer knusprig-braun gebratenen Gans vor Augen – die Weihnachtsgans ist in vielen Kulturen das ultimative Festessen. Ihr Ursprung findet sich bereits im früheren Mittelalter. Damals galt das Martinsfest am 11. November als einer der Höhepunkte im Jahreskreis, an dem auch eine sonst nur selten genossene Köstlichkeit verspeist wurde: Geflügel. Da die Adventszeit einst als strenge Fastenzeit galt, war die Martinsgans eine der letzten Gelegenheiten für hemmungslosen Genuss und Völlerei, denn bald danach kam die Phase von Buße und Verzicht, die bis Ende Dezember andauerte. Mit der zunehmenden Wichtigkeit des Weihnachtsfestes verschob sich auch das winterliche Festmahl in den Dezember, vielerorts wurde deshalb die Gans nicht mehr an St. Martin verspeist, sondern am Weihnachtstag – besonders wohlhabende Familien genossen das Gericht zu beiden Anlässen.

Eine Legende schreibt den Ursprung des weihnachtlichen Gänsebratens aber der englischen Königin Elisabeth I. zu. Diese soll im ausgehenden 16. Jahrhundert rund um Weihnachten gerade bei Tisch ein Stück Gans verspeist haben, als die Nachricht vom Sieg ihres Heeres über die spanische Armada bei ihr eintraf. Vor lauter Freude soll die Königin daraufhin beschlossen haben, dass Gänsebraten eine Glück verheißende Speise ist und künftig das ideale Festtagsgericht abgibt.

In Österreich und Deutschland wird die Weihnachtsgans klassisch im Ofen zubereitet und mit Knödeln und Rotkraut verspeist. Variationen davon finden sich in vielen europäischen Nachbarländern.

So wird die Gans im Elsass traditionell mit Bratwurst gefüllt und mit Sauerkraut serviert, in Schweden darf Apfelmus dazu nicht fehlen.

Weil der Gänsebraten in früherer Zeit allerdings dem wohlhabenden Teil der Gesellschaft vorbehalten und das edle Geflügel in ärmeren Verhältnissen nicht leistbar war, setzte man dort stattdessen auf günstigere Alternativen, die sich zum Teil ebenfalls bis heute bewahrt haben. So kommt seit damals in vielen Familien im ländlichen Raum an Heiligabend stets Bratwurst mit Kartoffelsalat zu Tisch – ein Gericht, das für unsere Vorfahren zwar besonders, aber nicht völlig unerschwinglich war.

Ähnliches gilt auch für ein weihnachtliches Traditionsgericht, das sich bis heute im Westen Österreichs großer Beliebtheit erfreut: Nach der Rückkehr vom Besuch der Mette wurde schon im Mittelalter mit Vorliebe eine wärmende Suppe aufgetischt, die an diesem besonderen Tag nicht nur aus Brühe, etwas Gemüse und manchmal auch einer Einlage aus Brotresten bestand wie sonst an kalten Wintertagen üblich. Zu Weihnachten durften auch Würstchen in die Suppe – die Würstelsuppe ist bis heute in vielen Salzburger Haushalten ein weihnachtliches Lieblingsessen.

Auch Karpfen wird oftmals serviert – denn der durfte auch unter Einhaltung der strengen Fastenregeln, die den Genuss von Fleisch in der gesamten Vorweihnachtszeit bis zum 25. Dezember verboten, gegessen werden. Mittelalterliche Klöster verfügten deshalb häufig über ihre eigenen Karpfenteiche, um den wohlschmeckenden „Fleischersatz“ immer vorrätig zu haben.

Die Mönche zeigten sich auch in anderen Ländern erfinderisch, wenn es um die Fastenzeit und den verbotenen Fleischgenuss ging: In Süddeutschland waren Maultaschen auch deshalb ein beliebtes Weihnachtsgericht, weil man in der Füllung vortrefflich Fleisch verstecken konnte – der liebe Gott sah damals anscheinend doch nicht alles.

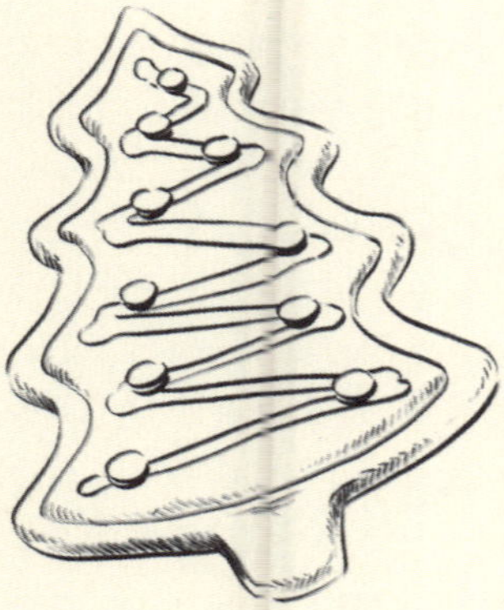

Confierte Entenkeule
mit Blumenkohlcreme und Olivensalsa

Für mehr Ruhe an den Weihnachtagen ist dieses Gericht ideal. Es lässt sich gut im Voraus vorbereiten und belohnt zudem mit butterweichem, zartem Fleisch.

Für 4 Portionen

Für das Confit

4 Entenkeulen
2 EL Salz
800 g Entenfett
2 Gewürznelken
1 Schalotte
½ Knoblauchknolle
1 TL Pfefferkörner
1 Lorbeerblatt
2 Zweige Thymian

Für die Blumenkohlcreme

1 Blumenkohl (ca. 1 kg)
200 ml Milch
100 ml Gemüsefond
50 g Butter
Olivenöl zum Beträufeln
Salz und Pfeffer

Für die Salsa

8–10 große grüne Oliven
1 Bio-Meyer-Zitrone oder Bio-Zitrone
1 Handvoll gemischte Kräuter (z. B. Petersilie, Oregano, Majoran, Estragon)
6–7 EL Olivenöl
Salz und Pfeffer

1 Für das Confit spätestens am Vortag beginnen. Die Entenkeulen waschen, trocken tupfen, mit Salz einreiben und abgedeckt im Kühlschrank 18–24 Stunden marinieren.

2 Am nächsten Tag die Keulen unter kaltem Wasser abwaschen und trocken tupfen. Entenfett in einer Kasserolle bei niedriger Hitze schmelzen. Nelken in die Schalotte stecken. Entenkeulen, gespickte Schalotte, Knoblauch, Pfeffer, Lorbeer und Thymian zum Entenfett geben. Nun das Fett ganz langsam weiter erhitzen und das Fleisch 2 Stunden darin garen. Dabei sollte das Fett nie kochen, sondern lediglich simmern. Anschließend den Topf von der Herdplatte ziehen und die Entenkeulen bis zum Fertigstellen ruhen lassen. Werden die Keulen in Voraus zubereitet, diese im Fett abkühlen lassen und 2–3 Tage zugedeckt kalt stellen (für eine längere Aufbewahrung s. Tipp).

3 Für die Blumenkohlcreme die Blätter vom Blumenkohl trennen und beiseitelegen. Blumenkohl samt Stiel grob schneiden und in einem Topf mit Milch, Fond, Butter und etwas Salz weich kochen. Fein pürieren und mit Salz und Pfeffer abschmecken. Warm halten.

4 Zum Fertigstellen den Backofen auf 200°C Ober-/Unterhitze vorheizen. Die Entenkeulen aus dem Fett nehmen und etwas abtropfen lassen bzw. das Fett abkratzen. Die Keulen auf ein Blech legen und 15–20 Minuten goldgelb rösten, bis die Haut braun und knusprig ist.

5 Währenddessen die Blumenkohlblätter auf ein mit Backpapier ausgelegtes Blech legen, mit etwas Olivenöl beträufeln, mit Salz würzen und über dem Blech mit den Keulen im Backofen 10 Minuten rösten.

6 Für die Salsa die Oliven ggf. vom Kern lösen und grob hacken. Mit einem Sparschäler 3–4 Streifen Schale von der Zitrone abschneiden und fein hacken. Kräuter zupfen und fein hacken. Oliven, Zitronenschale, Kräuter und Olivenöl vermengen und mit Salz und Pfeffer abschmecken.

7 Die Entenkeulen mit der Blumenkohlcreme, den Blumenkohlblättern und der Salsa auf Tellern anrichten und servieren.

Tipps

Zum Aufbewahren die im Fett gegarten Entenkeulen in Gläser verteilen. Das Fett nochmals erhitzen, auftretenden Schaum abschöpfen. Durch ein feines Sieb über die Keulen gießen. Auskühlen lassen, Gläser erst dann verschließen und die Keulen im Kühlschrank bis zu 3 Monate aufbewahren.

Das Fett auf keinen Fall entsorgen! Es eignet sich ganz wunderbar zum Braten von Kartoffeln, Gemüse, Fleisch oder natürlich noch weiteren Entenkeulen.

Tipp

Wer mag, kann vor dem Servieren noch 3–4 EL Crème fraîche in die Sauce rühren, damit sie besonders sämig wird.

Heilbutt

mit Fenchel, weißen Bohnen und Palmkohl

Wenn das Fleisch des Fischs beim Essen wie kleine Dachziegel auseinanderfällt, dann ist er genau richtig gebraten. Die sämige Weißweinsauce vereint Fisch, Bohnen, Fenchel und Kohl auf eine ganz besondere Weise und passt wunderbar zur Adventszeit.

Für 4 Portionen

1 Fenchelknolle
2 EL Olivenöl
ca. 170 g kalte Butter
1 Bio-Orange
½ TL Honig
4 Heilbuttfilets mit schwarzer Haut (à ca. 150 g)
2 kleine Schalotten
100 ml Weißwein
2 EL Weißweinessig
fein abgeriebene Schale und Saft von ½ Bio-Zitrone
3 Stängel Palmkohl
200 g vorgegarte weiße Bohnen (Dose)
1 Handvoll Dillspitzen
Salz und Pfeffer

1 Fenchel vierteln. Eine Pfanne bei mittlerer Temperatur erhitzen und je 1 EL Olivenöl und Butter hineingeben. Fenchel in die Pfanne legen und salzen. 10 Minuten goldgelb braten, dabei ab und zu wenden. Einige Streifen Schale von der Orange abschneiden. Den Saft der Frucht auspressen.

2 Fenchel mit Honig beträufeln und 3–4 Minuten unter Wenden karamellisieren lassen. Orangensaft und -schale sowie 1 EL Butter hinzufügen und den Fenchel in der Flüssigkeit wenden, bis er rundum goldgelb und zart geschmort ist. Anschließend warm halten.

3 Den Backofen auf 80°C Ober-/Unterhitze vorheizen. Heilbuttfilets kalt abspülen und trocken tupfen, dann auf der Hautseite salzen. Eine Pfanne erhitzen und 1 EL Olivenöl hineingeben. Sobald das Öl heiß ist, den Fisch mit der Hautseite nach unten in die Pfanne legen. Bei mittlerer Hitze 3–4 Minuten braten. Fisch wenden und auf der Fleischseite 30 Sekunden braten. Aus der Pfanne nehmen und auf einem mit Backpapier ausgelegten Blech im Backofen ruhen lassen.

4 Schalotten schälen und fein würfeln. Mit Wein, Essig, Zitronensaft und -schale zum Bratrückstand in die Fischpfanne geben und die Flüssigkeit auf ein Drittel reduzieren lassen.

5 Die Sauce durch ein feines Sieb abseihen und auffangen, dabei die Schalotten sehr gut ausdrücken, da in ihnen viel Geschmack steckt. Die Sauce zurück in die Pfanne geben. Ca. 150 g Butter in Würfel schneiden und mit einem Pürierstab in die heiße Flüssigkeit mixen. Mit Salz und Pfeffer abschmecken.

6 Die Blätter vom Strunk des Palmkohls schneiden und grob zerzupfen. Bohnen und Palmkohl in die Sauce geben und abgedeckt 2–3 Minuten erwärmen.

7 Fenchel, Bohnen und Palmkohl mit der Sauce auf Teller verteilen. Fisch darauf anrichten und mit Dill garnieren.

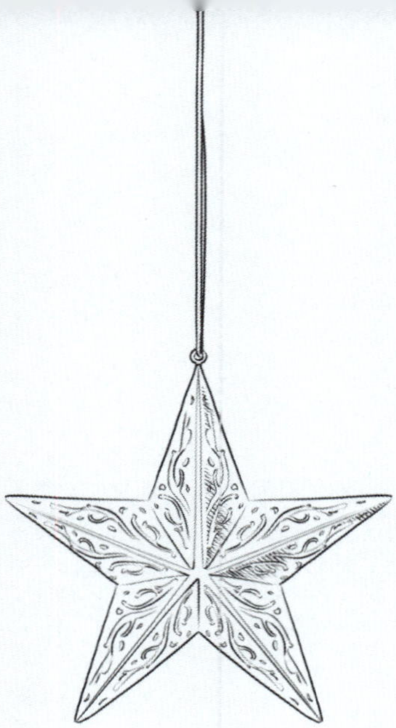

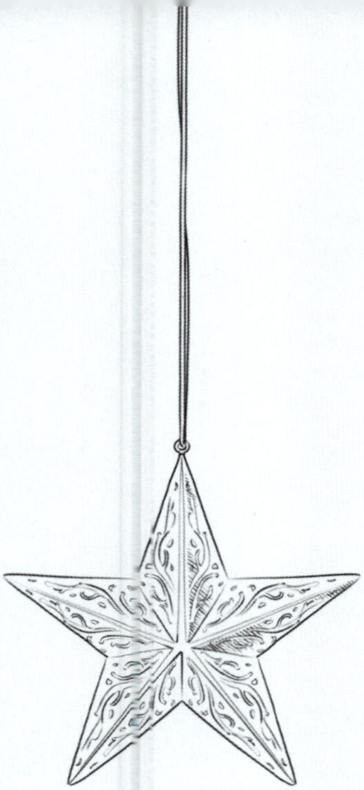

Gebrüder Grimm

Die Sterntaler

Es war einmal ein kleines Mädchen, dem war Vater und Mutter gestorben, und es war so arm, dass es kein Kämmerchen mehr hatte, darin zu wohnen, und kein Bettchen mehr hatte, darin zu schlafen, und endlich gar nichts mehr als die Kleider auf dem Leib und ein Stückchen Brot in der Hand, das ihm ein mitleidiges Herz geschenkt hatte. Es war aber gut und fromm. Und weil es so von aller Welt verlassen war, ging es im Vertrauen auf den lieben Gott hinaus ins Feld.

Da begegnete ihm ein armer Mann, der sprach: „Ach, gib mir etwas zu essen, ich bin so hungrig." Es reichte ihm das ganze Stückchen Brot und sagte: „Gott segne dir's", und ging weiter. Da kam ein Kind, das jammerte und sprach: „Es friert mich so an meinem Kopfe, schenk mir etwas, womit ich ihn bedecken kann." Da tat es seine Mütze ab und gab sie ihm. Und als es noch eine Weile gegangen war, kam wieder ein Kind und hatte kein Leibchen an und fror. Da gab es ihm seins; und noch weiter, da bat eins um ein Röcklein, das gab es auch von sich hin. Endlich gelangte es in einen Wald, und es war schon dunkel geworden, da kam noch eins und bat um ein Hemdlein, und das fromme Mädchen dachte: „Es ist dunkle Nacht, da sieht dich niemand, du kannst wohl dein Hemd weggeben", und zog das Hemd ab und gab es auch noch hin.

Und wie es so stand und gar nichts mehr hatte, fielen auf einmal die Sterne vom Himmel, und waren lauter blanke Taler; und ob es gleich sein Hemdlein weggegeben, so hatte es ein neues an, und das war vom allerfeinsten Leinen. Da sammelte es sich die Taler hinein und war reich für sein Lebtag.

Langsam geschmortes Rind

mit cremiger Polenta

Die niedrige Temperatur und viel, viel Zeit sorgen für wunderbar zartes Fleisch.

Für 4 Portionen

Für das Ragout

1 kg Rinderschulter
8 kleine Schalotten
5–6 kleine Rote Beten
2 EL Olivenöl
2 Zweige Thymian plus mehr zum Garnieren
1 Streifen Schale von 1 Bio-Orange
2 Lorbeerblätter
1 Scheibe frischer Ingwer
500 ml Rotwein
500 ml Rinderfond
2–3 EL alter Balsamicoessig
1 ½ TL Rohkakaopulver
1 Stück Zartbitterschokolade (mind. 70 % Kakaogehalt)
10 getrocknete Zwetschgen
Speisestärke zum Binden der Sauce (optional)
Salz

1 Für das Ragout den Backofen auf 120°C Ober-/Unterhitze vorheizen. Rinderschulter in 3–4 cm große Würfel schneiden. Schalotten schälen und halbieren. Rote Beten schälen und in Spalten schneiden.

2 Öl in einem Bräter erhitzen, Fleisch hineingeben, salzen und rundum 1–2 Minuten kräftig braun anbraten. Dabei darauf achten, dass nicht zu viele Fleischstücke im Bräter sind, da sie sonst zu kochen beginnen, statt zu braten. Bei Bedarf in mehreren Durchgängen arbeiten. Das gebratene Fleisch auf einem Teller beiseitestellen.

3 Schalotten im Bratrückstand unter Rühren kräftig anbraten. Thymian, Orangenschale, Lorbeer und Ingwer dazugeben. Rote Beten und das angebratene Fleisch in den Bräter geben. Mit Wein ablöschen und mit Fond aufgießen. Einmal aufkochen lassen, dann auf unterster Schiene im Backofen abgedeckt 4–5 Stunden zart und saftig schmoren. Nach 3 Stunden Balsamicoessig, Kakao, Schokolade und Zwetschgen hinzufügen.

Fortsetzung auf Seite 151

4 Gegen Ende der Garzeit des Ragouts die Polenta zubereiten. Milch, Parmesanrinde, Fond und Butter aufkochen. Polenta einrieseln lassen und unter Rühren bei niedriger Hitze 15–20 Minuten dickcremig einkochen. Mit Salz und Muskatnuss würzen, Olivenöl unterheben und die Polenta weitere 5 Minuten cremig rühren.

5 Radicchio längs halbieren. Olivenöl in einer Pfanne erhitzen. Radicchio hinzufügen, salzen und auf jeder Seite 2 Minuten kräftig anbraten. Honig dazugeben und karamellisieren lassen. Anschließend mit Rotwein ablöschen und diesen 3–4 Minuten einreduzieren lassen. Balsamicoessig und Butter hinzufügen und den Radicchio in der Sauce wenden.

6 Die Sauce des Ragouts bei Bedarf mit Speisestärke binden. Ragout und Radicchio auf der Polenta anrichten und mit Thymianblättern garnieren.

Für die Polenta

200 ml Milch
1 Stück Parmesanrinde (optional)
700 ml Hühner- oder Gemüsefond
20 g Butter
160 g Polenta (Maisgrieß)
1 Prise frisch geriebene Muskatnuss
1 EL Olivenöl
Salz

Für den Radicchio

2 kleine Köpfe Radicchio tardivo di Treviso
2 EL Olivenöl
1 EL Honig
50 ml Rotwein
3 EL alter Balsamicoessig
20 g kalte Butter
Salz

Gefüllte Kürbisse

mit Linsen und Pilzen auf Tahina-Joghurt

Ein Wohlfühlessen, dessen Aussehen mich immer ein bisschen an die märchenhafte Kutsche von Aschenputtel erinnert.

Für 4 Portionen

Für die Kürbisse

100 g Puy-Linsen
1 Schalotte
1 Selleriestange
250 g braune Champignons
2 Zweige Thymian
6 getrocknete Tomaten in Öl
je ½ TL Anis, Fenchel- und Koriandersamen
100 g schwarzer Reis oder Wildreismischung
1 Schuss Weißwein oder Essig
350–400 ml Gemüsefond oder Wasser
80–100 g vorgegarte Esskastanien
4 kleine Patisson- oder Sweet-Dumpling-Kürbisse
4 EL weiche Butter
2–3 EL Olivenöl
2–3 EL Honig
Oregano oder andere frische Kräuter nach Belieben zum Garnieren
Salz

Für den Tahina-Joghurt

250 g griechischer Joghurt (10 % Fettgehalt)
1 EL Tahina
Saft und fein abgeriebene Schale von ½ Bio-Zitrone
Salz

1 Für die Kürbisse die Linsen waschen und in 200 ml Salzwasser offen 5 Minuten kochen. Die Temperatur reduzieren und die Linsen zugedeckt 15–20 Minuten gar kochen.

2 Währenddessen Schalotte schälen und in dünne Streifen schneiden. Sellerie in kleine Würfel schneiden. Champignons putzen und in dünne Scheiben schneiden. Thymianblätter von den Stängeln zupfen und gemeinsam mit den Tomaten grob hacken.

3 2 EL Öl der getrockneten Tomaten in einem Topf erhitzen. Schalotten und Gewürze hinzufügen und unter Rühren 8–10 Minuten weich dünsten. Sellerie, Pilze und Tomaten hinzufügen und weitere 5–7 Minuten unter Rühren dünsten. ½ TL Salz und den Reis einrühren, dann mit Weißwein oder Essig ablöschen. Gemüsefond oder Wasser aufgießen und zugedeckt bei niedriger Hitze 15–20 Minuten weich garen.

4 Linsen und Kastanien unter den fertigen Reis heben und mit Salz abschmecken.

5 Den Backofen auf 180°C Ober-/Unterhitze vorheizen

6 Die Kürbisse gut waschen, jeweils einen Deckel abschneiden und die Kerne mit einem Löffel entfernen. Eine ofenfeste Pfanne mit Butter ausstreichen, die Kürbisse darin verteilen und mit dem Linsenreis füllen. Bleibt etwas von der Füllung übrig, diese einfach in der Pfanne verteilen. Die Deckel der Kürbisse nur halb auflegen und die Kürbisse mit Olivenöl und Honig beträufeln. Kürbisse 30–40 Minuten im Ofen backen, bis sie schön weich sind.

7 In der Zwischenzeit Joghurt mit Tahina, Zitronenschale und -saft verrühren und mit Salz abschmecken.

8 Joghurt auf Teller verteilen, Kürbisse darauf anrichten und mit Kräutern garnieren.

Tipp

Besonders fein schmecken die Kürbisse, wenn sie vor dem Servieren mit etwas Kürbiskernöl oder Pesto beträufelt werden.

Lukasevangelium, Kap. 2, 1–20

Die Weihnachtsgeschichte

Es begab sich aber zu der Zeit, dass ein Gebot von dem Kaiser Augustus ausging, dass alle Welt geschätzt würde. Und diese Schätzung war die allererste und geschah zur Zeit, da Quirinius Statthalter in Syrien war. Und jedermann ging, dass er sich schätzen ließe, ein jeder in seine Stadt.

Da machte sich auf auch Josef aus Galiläa, aus der Stadt Nazareth, in das jüdische Land zur Stadt Davids, die da heißt Bethlehem, weil er aus dem Hause und Geschlechte Davids war, damit er sich schätzen ließe mit Maria, seinem vertrauten Weibe; die war schwanger. Und als sie dort waren, kam die Zeit, dass sie gebären sollte. Und sie gebar ihren ersten Sohn und wickelte ihn in Windeln und legte ihn in eine Krippe; denn sie hatten sonst keinen Raum in der Herberge.

Und es waren Hirten in derselben Gegend auf dem Felde bei den Hürden, die hüteten des Nachts ihre Herde. Und der Engel des Herrn trat zu ihnen, und die Klarheit des Herrn leuchtete um sie; und sie fürchteten sich sehr. Und der Engel sprach zu ihnen: „Fürchtet euch nicht! Siehe, ich verkündige euch große Freude, die allem Volk widerfahren wird; denn euch ist heute der Heiland geboren, welcher ist Christus, der Herr, in der Stadt Davids. Und das habt zum Zeichen: Ihr werdet finden das Kind in Windeln gewickelt und in einer Krippe liegen."

Und alsbald war da bei dem Engel die Menge der himmlischen Heerscharen, die lobten Gott und sprachen: „Ehre sei Gott in der Höhe und Friede auf Erden bei den Menschen seines Wohlgefallens."

Und da die Engel von ihnen gen Himmel fuhren, sprachen die Hirten untereinander: Lasst uns nun gehen gen Bethlehem und die Geschichte sehen, die da geschehen ist, die uns der Herr kundgetan hat. Und sie kamen eilend und fanden beide, Maria und Josef, dazu das Kind in der Krippe liegen. Als sie es aber gesehen hatten, breiteten sie das Wort aus, welches zu ihnen von diesem Kinde gesagt war. Und alle, vor die es kam, wunderten sich über die Rede, die ihnen die Hirten gesagt hatten. Maria aber behielt alle diese Worte und bewegte sie in ihrem Herzen. Und die Hirten kehrten wieder um, priesen und lobten Gott für alles, was sie gehört und gesehen hatten, wie denn zu ihnen gesagt war.

NACH DER SINTFLUT

Tipp

Für einen Weihnachtscocktail 4 cl Gin, 50 ml Sirup und 100 ml Birnensud vermischen und in ein Glas mit Eiswürfeln geben. Mit 150–200 ml Tonic aufgießen und mit einer Scheibe Birne und einem Rosmarinzweig garniert servieren.

Mandeltartelettes
mit pochierten Safranbirnen

Hier wird mehr Sirup hergestellt als für die Tartelettes benötigt. Er schmeckt aber auch ganz wunderbar mit Sodawasser aufgegossen als fruchtige Erfrischung.

Für 6 Tartelettes (à ca. 7 cm ø)

Für die Safranbirnen

1 Msp. Safranfäden
500 ml Birnensaft
2 Kardamomkapseln
1 Zimtstange
½ Vanilleschote
1 Scheibe frischer Ingwer
4 kleine Birnen

Für den Mürbeteig

90 g kalte Butter
180 g Weizenmehl plus mehr zum Verarbeiten
1 Prise Salz
90 g Puderzucker
1 Eigelb (M)

Für die Creme

100 g Mandeln ohne Haut
70 g Butter
Mark von ½ Vanilleschote
50 g Zucker
1 Eiweiß (M)

Zum Fertigstellen

15 g Butter
125 g Zucker plus mehr zum Bestreuen

1 Für die Birnen Safran mit 2 EL Birnensaft im Mörser zerreiben. Kardamomkapseln leicht andrücken. Birnensaft mit Safranmischung und Gewürzen in einem Topf aufkochen. Birnen schälen, in den Sud legen und 5 Minuten bei niedriger bis mittlerer Hitze köcheln lassen. Topf von der Herdplatte nehmen und die Birnen im heißen Sud gar ziehen lassen.

2 Für den Teig die Butter würfeln. Mehl mit Salz mischen und mit der Butter zwischen den Fingerkuppen zerbröseln. Nun Puderzucker und Eigelb hinzufügen und alles rasch zu einem glatten Teig verkneten. Teig leicht flach drücken, in Frischhaltefolie wickeln und im Kühlschrank mindestens 30 Minuten ruhen lassen.

3 Währenddessen für die Creme die Mandeln im Blitzhacker sehr fein mahlen. Die Butter schmelzen. Beides mit Vanillemark, Zucker und Eiweiß zu einer Paste vermengen.

4 Den Backofen auf 180°C (Ober-/Unterhitze) vorheizen.

5 Den Teig auf der bemehlten Arbeitsfläche 3–4 mm dünn ausrollen. Scheiben von ca. 10 cm ø ausstechen. Die Tarteletteförmchen leicht mit Mehl bestreuen, mit dem Teig auskleiden und überstehende Ränder mit einem kleinen Messer glatt abschneiden. Die Mandelcreme auf dem Teig verteilen.

6 Birnen aus dem Sud nehmen, etwas abtropfen lassen, halbieren, entkernen und die Hälften fächerartig aufschneiden. Butter schmelzen. Je eine halbe Birne auf die Tartelettes legen, mit geschmolzener Butter bepinseln und mit etwas Zucker bestreuen. Tartelettes auf mittlerer Schiene 20–25 Minuten goldbraun backen.

7 Währenddessen 250 ml Birnensud und Zucker zu dickflüssigem Sirup einkochen.

8 Tartelettes aus dem Ofen nehmen und noch warm mit dem Sirup bestreichen.

Das Christkind

Während in vielen anderen Ländern der Welt an Heiligabend ungeduldig auf den Weihnachtsmann, der die Geschenke vom Nordpol aus unter Feiernden verteilt, gewartet wird, ist es in Österreich, weiten Teilen Deutschlands und der Schweiz das Christkind, das sich der Legende nach am 24. Dezember in die Stuben schleicht, um dort heimlich die Geschenke unter dem Baum abzulegen.

Seine Wurzeln reichen zwar nicht, wie man glauben möchte, in der Geschichte zu Jesu Geburt zurück, einige Jahrhunderte alt ist das Christkind aber doch. Bis zum Übergang ins 16. Jahrhundert war der Nikolaus derjenige, der in Österreich und Deutschland am 6. Dezember, dem Todestag des Bischofs von Myra, kleine Gaben brachte, in der Schweiz klopfte am selben Tag der Samichlaus an die Tür. Mit Martin Luther und der Reformationsbewegung änderte sich dieser Vorgang. Denn Luther und seine Anhänger plädierten dafür, von der Heiligenverehrung Abstand zu nehmen und sich stattdessen wieder mehr auf Jesus Christus zu fokussieren – ganz besonders an dessen Geburtstag. Statt also den Nikolaus zu verehren, sollten Gläubige sich wieder auf den Heiligen Christ – oder eben das „Christkindlein" – besinnen. So nahm die Tradition des Christkindes ihren Anfang, das in den protestantisch geprägten Regionen Deutschlands zunächst ein Symbol für die Menschwerdung des Gottessohnes war. Luther dürfte sich das Christkind also zunächst als göttliches Kind vorgestellt haben, im Laufe der folgenden Jahrhunderte veränderte es sich aber immer mehr und wurde in der allgemein bekannten Darstellung zu einer engelsähnlichen Figur mit blonden Locken und einem weißen Kleid, oft wird es auch mit Flügeln dargestellt.

Vor allem im Alpenraum gelten für seinen Besuch seit jeher strenge Regeln: Damit es nicht gesehen wird, müssen Kinder den Raum, in dem sich der Weihnachtsbaum befindet, verlassen, ein geöffnetes Fenster soll dem mystischen Wesen den Eintritt ermöglichen. Hat das Christkind alle Geschenke unter dem Baum abgelegt, erklingt ein Glöckchen – bis die Bewohner das Zimmer betreten haben, hat es sich längst wieder aus dem Staub gemacht.

Das Christkind bringt seit einigen Jahrhunderten die Geschenke – auf manchen Darstellungen verschmilzt es mit dem Jesuskind.

Franz Xaver Gruber

Stille Nacht! Heilige Nacht!

Stille Nacht! Heilige Nacht!
Alles schläft, einsam wacht
nur das traute hoch heilige Paar.
Holder Knabe im lockigen Haar,
schlaf in himmlischer Ruh',
schlaf in himmlischer Ruh'!

Stille Nacht! Heilige Nacht!
Gottes Sohn, o wie lacht
lieb aus deinem göttlichen Mund,
da uns schlägt die rettende Stund:
Jesus in deiner Geburt.
Jesus in deiner Geburt.

Stille Nacht! Heilige Nacht!
Die der Welt Heil gebracht,
aus des Himmels goldenen Höh'n
uns der Gnade Fülle lässt sehn:
Jesum in Menschengestalt.
Jesum in Menschengestalt.

Stille Nacht! Heilige Nacht!
Wo sich heut' alle Macht
väterlicher Liebe ergoss,
und als Bruder huldvoll umschloss
Jesus die Völker der Welt.
Jesus die Völker der Welt.

Stille Nacht! Heilige Nacht!
Lange schon uns bedacht,
als der Herr, vom Grimme befreit,
in der Väter urgrauer Zeit
aller Welt Schonung verhieß,
aller Welt Schonung verhieß.

Stille Nacht, heilige Nacht,
Hirten erst kundgemacht!
durch der Engel Halleluja
tönt es laut von Ferne und Nah:
Jesus, der Retter ist da!
Jesus, der Retter ist da!

Weihnachts-Tiramisu

Für mich eines der besten Desserts aller Zeiten, das sich zudem an jede Festivität anpasst. Auch meine Kinder lieben den Klassiker – für sie verwende ich jedoch koffeinfreien Instant-Kaffee.

Für 6 Portionen

3 Eier (M)
110 g Zucker
500 g Mascarpone
fein abgeriebene Schale von ½ Bio-Orange
¼ TL gemahlener Zimt
½ TL Lebkuchengewürz
300 ml abgekühlter Kaffee
400 g Löffelbiskuits
1 EL Rohkakaopulver

1 Eier und Zucker in der Rührschüssel einer Küchenmaschine 8 Minuten hell und dickschaumig aufschlagen. Mascarpone mit Orangenschale, Zimt und Lebkuchengewürz bei niedriger Geschwindigkeit unterrühren.

2 Kaffee in einen tiefen Teller geben. Ein Drittel der Löffelbiskuits darin wenden und sofort in Serviergläser oder -schüsseln verteilen. 2–3 EL Mascarponecreme auf den getunkten Löffelbiskuits verteilen und glatt streichen. Darauf eine zweite Lage getränkte Löffelbiskuits und wieder ein Drittel der Creme schichten. Mit einer dritten Schicht getränkter Löffelbiskuits belegen. Restliche Creme in einen Spritzbeutel mit gezackter Tülle füllen und dekorativ auf die Löffelbiskuits spritzen.

3 Das Tiramisu abgedeckt mindestens 4 Stunden oder über Nacht kühl stellen. Vor dem Servieren mit Kakao bestreuen.

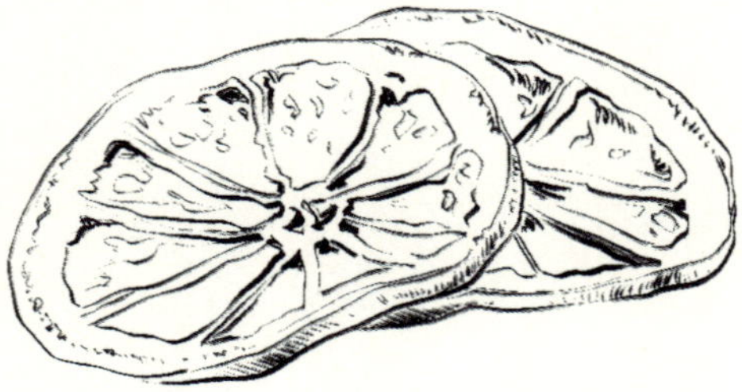

Peter Rosegger

Des Oheims Weihnachtsgabe

Und der liebe heilige Weihnachstabend war wiedergekommen mit seinen märchenhaften Freuden. Zu keiner Stunde des Jahres ist's so licht in der großen Stube, als wenn der Weihnachtsbaum strahlt. Die drei Kinder jubelten, denn das Christkind war wieder so gnadenreich gewesen. Lebkuchen, Puppen, Bleisoldaten, Bilderbücher, Handschuhe, Halsbroschen und sonst der bunten glitzernden Dingelchen übergenug. Jedes hatte seine Wünsche und jeder Wunsch fand Erfüllung. Für den Studenten guckte unter dem Tische sogar das wahre Glücksrad hervor in Gestalt eines Bizykels. Fast zitterten die Fenster vor hellem Freudenlärm.

Im Ofenwinkel aber hockte ein missmutiger Mann, der zwar noch nicht alt war, doch mit dem Leben schon abgeschlossen zu haben schien. Er setzte das spitze Kinn aufs spitze Knie, sodass ihn das fürwitzige Mägdlein den „Kniebeiß" nannte. Auch ihm waren zwei Filzschuhe und eine seidene Schlafhaube vom Himmel gefallen, allein unter dem Herbste des grauenden Haares werden die Herzen kalt und er freute sich nicht. Er ärgerte sich vielmehr über den Trödel unterm Baum und dass die modernen Eltern ihren Kindern schon gar nichts mehr versagen können, dass kein Haushalten und kein Sparen mehr ist, dass man ordentlich wetteifert darin, in der Jugend allerlei überflüssige Bedürfnisse großzuziehen, Ansprüche zu wecken, sie zu verwöhnen und blasiert zu machen, ohne dass für später die Mittel vorhanden sind, die Angewohnheiten zu befriedigen. Nein, da tut der Oheim nicht mit. Das naseweise Mädel dort mag vom „geizigen Goldonkel" munkeln, wie sie will, nur zu, es wird noch offenbar werden an diesem Abend, wer der Klügere ist in der Stube.

Im Nebenzimmerchen war auch noch jemand, war die Mutter, die an diesem glückseligen Abend mehr Wehe empfand als Freude. Ihr Mann war auf einer beschwerlichen Berufsreise und so verscheuchte ihr niemand die ernsten Gedanken, die sich einstellten, als sie durch die offene Tür den jauchzenden Christbaumreigen betrachtete. Sie weinte still vor sich hin, sie weinte vor Liebe. Diese Kinder, so harmlos froh, so leichtsinnig glücklich! In goldener Jugend ist ja das ganze Jahr ein einziger, üppiger Weihnachtsbaum. Sie tändeln und

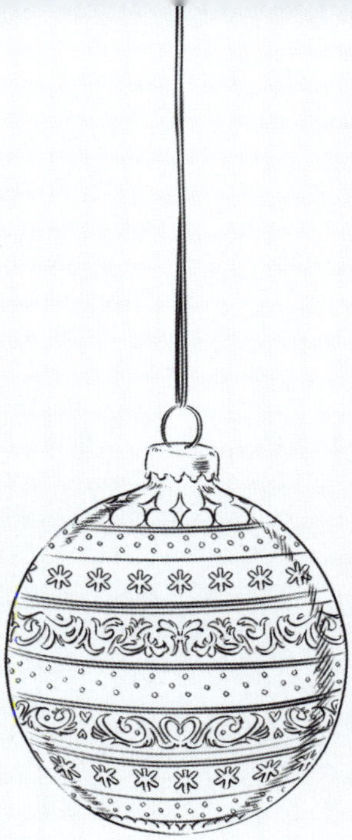

spielen, sie scherzen und lachen und ahnen nichts von dem Kampf ums Dasein, der ihrer harrt. Sie tanzen auf dürrem Boden der Armut und wissen nichts davon. Heute ist noch der Vater, der fast mutlos zur Not für ihren Lebensunterhalt sorgt, ist noch die Mutter, die nach Möglichkeit alle Dornen aus den Rosen bricht. Aber wenn wir alt und mühselig werden, wenn wir schlafen gegangen sein werden, dann stehen sie verlassen da in der fremden, harten Welt. In unseren Truhen finden sie kein Erspartes und bange werden sie fragen: Ist denn nichts mehr da von der Fürsorge unserer Eltern? Haben sie denn alle Liebe mit sich genommen? – Im heiligen Buch heißt es: Die Liebe höret nimmer auf! Und ich weiß mir nichts und nichts, um übers Grab hinaus meine Liebe und Fürsorge zu retten für die Kinder. – In solch schweren Gedanken quälte sich die Mutter und macht sich Vorwürfe darüber, dass sie bei dem munteren Andrange der täglichen Kinderwünsche nicht sparen konnte. Da hob der Student plötzlich ein Päckchen empor, das er tief im Geäste des Christbaums gefunden hatte und rief: „Was ist denn das?“ Aller Augen hingen sofort an dem Päckchen, woran der Junge mit ungeduldiger Hand sofort die grüne Schnur zerschnitt und den Umschlag aufriss. O je, ein Buch! O je, Schriften! – Was, Schriften?

Wenige Minuten später sind sie zum Kniebeiß gelaufen, haben ihn umarmt, geküsst und geherzt und die Mutter hat vor Schluchzen kein Wort des Dankes sagen können. Hatte nämlich der Oheim zu Gunsten des Neffen sein Leben versichert und extra noch für das Mädel eine Aussteuer-Versicherung fundiert!

„Na, na“, knurrte er bei ihrem stürmischen Andrängen, „esst mich doch nicht auf, lasst doch auch noch fürs nächste Jahr ein Stückel Oheim übrig, damit er wenigstens noch einmal die Prämien zahlen kann. Es wäre doch gar nicht artig gegen die Versicherungsgesellschaft, wenn man gleich nach der ersten Prämienzahlung aufgezehrt würde! Ich habe unbescheidenerweise mein Leben hübsch hoch gewertet, sodass auf jedes von euch einmal ein gut Stück kommt. Ihr junges Gesindel und die Alten auch nicht ausgenommen, ihr könnt ja nimmer so haushalten, wie wir's ehevor getan haben, und werdet es in der leichtsinnigen Neuzeit auch nie lernen. Da müssen dann freilich die Versicherungsgesellschaften für euch sorgen und die alten geizigen Kniebeißer – he! – Na, ist schon gut, ist schon gut, Kinder. Und wenn einst die Banknoten kommen werden, dann denkt, ihr vertrackten Mädel und Buben, es wären Liebesbrieflein an euch aus der besseren Welt vom brummigen Oheim. Und jetzt marsch, gut aufheben, das Zeug!“

Von diesem Tag an hatte die Familie in der Sicherstellung einen Rückhalt, der ihr Mut, Kraft und sittliche Freiheit gab, also, dass der Weihnachtsbaum Frucht und Segen in die ferne Zukunft trug. Derlei können nicht bloß brummige Oheime, sondern auch liebende Eltern nachmachen.

Das Tor zwischen den Welten

Der Zauber der Raunächte &
ihre Bräuche

Die Raunächte

Wenn am Heiligen Abend die Geschenke überreicht, das Festmahl verspeist und die Mette besucht ist, beginnt eine ganz besondere Zeit, die tief im religiösen Glauben des alpenländischen Raumes verankert ist: Die Uhr schlägt Mitternacht, und damit hat die erste der zwölf Raunächte ihren Gang genommen.

Der Brauch der Raunächte findet sich in verschiedenen Ländern und Kulturen, dementsprechend vielfältig sind auch seine Herkunftsgeschichten. Manche verorten ihren Ursprung in der germanischen Mythologie, andere sehen darin die Fortführung eines heidnischen Brauches, und wieder andere halten ihn für eine Erfindung der Kelten. Sogar das genaue Datum unterscheidet sich je nach der Herkunft des uralten Glaubens. Oft wird die erste Raunacht bereits am 21. Dezember begangen, in den Dörfern des Alpenraums findet sie dagegen fast immer in der Nacht auf den 25. Dezember, den ersten Weihnachtsfeiertag, statt.

Der genaue Zeitpunkt und die Anzahl der Raunächte haben ihren Ursprung in längst vergangener Zeit: Bis zur Herrschaft von Julius Cäsar richtete sich der Kalender nach dem Mondjahr, und dieses hat genau 354 Tage. Mit der Einführung des Julianischen Kalenders wechselte die Zählweise – das Jahr hat seither bekanntlich 365 Tage. Diese zusätzlichen elf Tage – und zwölf Nächte –, die man für die neue Zählweise am Jahresende hinzufügte, galten damals als „tote Tage“, denn streng genommen gab es sie ja gar nicht. Auch deshalb wurde ihnen ein besonderer Zauber nachgesagt.

Dass die Raunächte heute oft als „Nächte zwischen den Jahren“ bezeichnet werden, hat ebenfalls mit dem Kalender zu tun: Vor vielen Jahrhunderten galt häufig wahlweise das Weihnachtsfest oder der Dreikönigstag am 6. Januar als Beginn des neuen Jahres. Die elf Tage dazwischen wechselten also gewissermaßen zwischen den Jahren.

Gemeinsam ist fast allen Legenden über die Raunächte ihre besondere Mystik. Denn in den Nächten zwischen den Jahren wähnte man das Tor zwischen den Welten offen, Geister konnten deshalb in der menschlichen Welt umgehen und wahlweise Glück bringen oder ihr Unwesen treiben. Die bösen Geister stellte man sich als angsteinflößende, pelzige Gesellen vor, die den Menschen, ihren Höfen und ihrem Vieh Unglück bringen wollten. Zahlreiche Rituale, die bis heute überliefert sind, sollen die Dämonen deshalb in Schach halten – das wichtigste unter ihnen gibt den Raunächten vermutlich auch ihren Namen: Die bösen Geister lassen sich am besten durch Räuchern vertreiben. Und der duftende Nebel aus Weihrauch und verschiedenen Kräutern dient noch einem anderen Zweck: Man soll durch ihn auch in die Zukunft sehen können.

Der Ursprung der Bezeichnung der Raunächte ist nicht vollständig geklärt. Zwar wird sie heute meist auf das Räuchern zurückgeführt, oft werden die Nächte deshalb auch als Rauchnächte bezeichnet. Laut einer anderen Theorie versuchte man in der Zeit zwischen den Jahren, Dämonen zu vertreiben, die die Menschen nun heimsuchten. Diese bösen Geister stellte man sich als gewaltige pelzige Erscheinungen vor – so bedeutet das althochdeutsche Wort rûch übersetzt so viel wie „pelzig“ oder „haarig“. Erkennen kann man diese Unheil bringenden Gestalten auch noch im Rahmen eines anderen Brauches, der in Österreich bis heute beliebt ist und zum traditionellen Weihnachtsfestkreis gehört: In der (Vor-)Weihnachtszeit treiben in den Städten, Dörfern und Gemeinden Österreichs die Perchten ihr Unwesen.

Raunachtsrituale

Wäsche

Eines der bekanntesten Brauchtümer hat sich heute auch weit abseits des Alpenraums durchgesetzt, es gilt dabei vor allem in der ersten und der achten Raunacht eine strenge Regel zu befolgen: In der Nacht vom 24. auf den 25. Dezember sowie in der Silvesternacht vom 31. Dezember auf den 1. Januar darf keine Wäsche auf der Leine hängen bleiben. Denn dann jagen der Legende nach die bösen Geister besonders zahlreich durch die Nacht. Hängt noch Wäsche auf den Wäscheleinen, verfangen sie sich darin und bringen fortan, wenn das Tor zwischen den Welten wieder geschlossen ist, Unglück über Haus und Hof. Besonders angezogen sollen sie sich übrigens von weißer Wäsche fühlen, aber auch alle anderen Farben sollten rechtzeitig im Kleiderschrank verschwinden, damit die Übeltäter einfach weiterziehen können.

Räuchern

In den zwölf Raunächten gehen die Bewohnerinnen und Bewohner der Häuser und Höfe mit einer kleinen Räucherpfanne durch alle Zimmer und Stallungen. In der Pfanne befinden sich Weihrauch und verschiedene Kräuter, die entzündet werden und sodann ihren duftenden Rauch in alle Winkel des Hauses verströmen. Diesen Duft mögen die bösen Geister nicht und machen sich aus dem Staub – so wird das Zuhause von allem Negativen, Schlechten befreit, und das neue Jahr kann kommen.

Orakel

In den Raunächten gilt es nicht nur, Vergangenes loszulassen, sondern auch nach vorne zu schauen. Rituale, die die Zukunft vorhersagen, sollen in dieser Zeit deshalb besonders aufschlussreich sein. Das zeigt sich heute auch weit fernab des ländlichen Raumes, wenn in der achten Raunacht, der Silvesternacht, beim Blei- oder Wachsgießen die Zukunft gedeutet wird.

Auch auf die eigenen Träume sollte in den Raunächten besonders geachtet werden, denn weil das Tor zwischen den Welten in dieser Zeit weit offensteht, sollen auch sie Weissagungen über die Zukunft enthalten. Jede der Raunächte steht dabei für einen Monat im kommenden Jahr.

Wünsche

Auch gute Geister sollen den Menschen in den Raunächten besonders nahe kommen – sie darf man in dieser Zeit um Unterstützung und Hilfe bitten. Ein Ritual, das auf alten Raunachtsbrauchtümern basiert, ist das der 13 Wünsche: Vor der ersten Raunacht wird je ein Wunsch für das kommende Jahr auf 13 kleine Zettel geschrieben. Danach wird in jeder Raunacht einer dieser Zettel verbrannt und damit um Erfüllung des Wunsches gebeten. Für den letzten Wunsch, der am Ende noch übrig bleibt, ist man dann selbst verantwortlich: Er soll die Aufgabe sein, die man im folgenden Jahr lösen muss.

Mit Lärm gegen das Böse

Bevor die Weihnachtszeit endgültig vorbei ist, wird im alpenländischen Brauchtum noch für einen guten Start in das neue Jahr gesorgt: Mit lautem Glockengeläut will man böse Geister austreiben.

Die Ebenseer Glöckler

Am 5. Januar findet im Salzkammergut ein so seltenes wie außergewöhnliches Schauspiel statt. Zwar ist die Weihnachtszeit schon (fast) vorbei, der Glöcklerlauf ist hier aber fixer Bestandteil des Weihnachtsfestkreises. Die Region, die als eine der schönsten in Österreich oder überhaupt dem gesamten Alpenraum gilt, teilt sich auf die drei Bundesländer Salzburg, Steiermark und Oberösterreich auf und ist eine wahre Schatzkiste traditioneller Rituale und überlieferten Brauchtums. Eines davon ist der Glöcklerlauf, der seinen Ursprung in den Raunachtsbräuchen hat und deshalb auch in der letzte Raunacht vom 5. auf den 6. Januar stattfindet.

Dabei ziehen weiß gewandete Menschen mit gewaltigen Konstruktionen aus Holz und farbigem Papier auf dem Kopf – den leuchtenden „Glöcklerkappen" – unter lautem Kuhglockengebimmel durch die Dörfer und vertreiben so der Überlieferung nach die letzten bösen Raunachtsgeister, die noch ihr Unwesen treiben. Auch bei den Glöcklern handelt es sich aber eigentlich um Geister – sie sind sogenannte „Schönperchten", gute Lichtgeister, und damit Gegenstück und Gegenspieler der unheimlichen „Schiachperchten", die man als angsteinflößende, dämonische Gestalten mit langem, zotteligem Fell, Teufelsfratzen und gewaltigen Hörnern kennt. Beide symbolisieren nicht nur den Kampf von Gut gegen Böse, sondern auch den vom Frühling gegen den Winter. Sie schließen sich

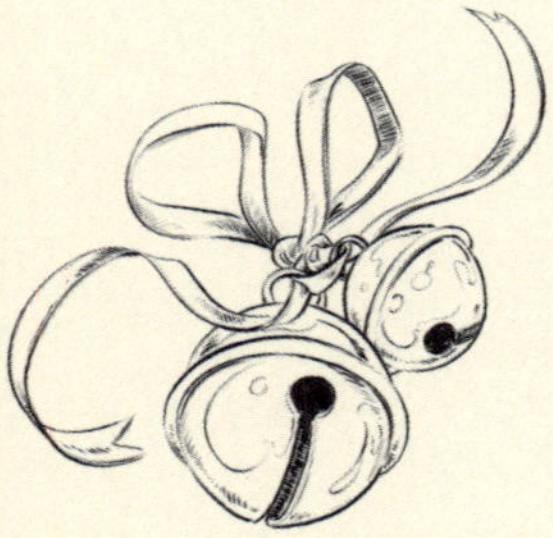

jeweils in Gruppen oder „Passen“ zusammen und ziehen dann in den Raunächten durch das Land – je nach Region in etwas abgewandelter Form, aber immer mit viel Getöse.

Der Ebenseer Glöcklerlauf am Südufer des Traunsees gehört inzwischen sogar zum UNESCO-Weltkulturerbe, aber auch in den umliegenden Dörfern bis nach Salzburg finden heute jährlich Glöcklerläufe statt, die vor allem aufgrund der kunstvollen Kappen ein spektakulärer Anblick sind. Eine traditionelle Glöcklerkappe besteht meist aus einem runden oder sternförmigen Holzgestell, das mit schwarzem Karton überzogen wird. Aus diesem werden dann die einzelnen Elemente kunstvoller Ornamente ausgeschnitten und von innen mit buntem, durchscheinendem Papier beklebt. Eine im Inneren platzierte Kerze lässt das Gebilde leuchten wie ein farbenprächtiges Kirchenfenster.

Doch nicht nur die Herstellung, auch das Tragen einer Glöcklerkappe will gelernt sein: Die Konstruktionen sind gern weit über einen Meter hoch und wiegen mehr als zehn Kilo. Die Träger binden sich zusätzlich eine große Kuhglocke um die Taille, die die Ankunft der Passen schon von Weitem ankündigt.

Nicht nur für die Bevölkerung des Salzkammerguts ist der Glöcklerlauf ein Fixpunkt im Kalender und ein besonderes Spektakel – es ist auch ein gesellschaftliches Ereignis. Traditionell erhalten die Glöckler beim Vorbeiziehen von den Bewohnerinnen und Bewohnern der Häuser, aber auch aus Gastwirtschaften entlang ihrer Route Verpflegung. Als Dank zieht der Pass dann eine Ehrenrunde um das jeweilige Haus und sorgt so für eine Extraportion Glück.

Die Schweizer Trycheln

Das Haslital im Berner Oberland ist ebenfalls ein malerisches Fleckchen Erde, in dem Traditionen und Brauchtümer eine wichtige Rolle spielen und oft gesellschaftliche Großereignisse sind. Mit großen Viehglocken, auf Schweizerdeutsch *Trycheln* oder *Treicheln*, Trommeln und Schellen ziehen hier die Männer in der Zeit zwischen dem zweiten Weihnachtsfeiertag und dem vorletzten Arbeitstag des Jahres Nacht für Nacht durch die Straßen und versuchen, das Unheil mit möglichst großem Getöse zu verjagen. Diese Trychelzüge unterscheiden sich von Dorf zu Dorf in ihrem Auftreten, der Choreografie ihres Glockengeläuts und der Kleidung. Während manche in Regionaltracht auftreten, sind andere mit Masken und Kostümen verkleidet. Am letzten Tag der Feierlichkeiten trifft man sich aber im zentralen Ort Meiringen, um dort den „Ubersitz“ zu feiern, bei dem mit vereinten Kräften auch die letzten bösen Geister aus dem Tal verjagt werden sollen.

Die Sarntaler Klöckelgruppen

Im Südtiroler Sarntal wird seit vielen Jahren eine zumindest aus phonetischer Sicht sehr ähnliche Tradition hochgehalten: das Klöckeln. Auch das Sarntal gilt als besonders traditionell und landschaftlich beeindruckende Region, durch seine Abgeschiedenheit und die mitunter schwere Erreichbarkeit der hoch gelegenen Bergdörfer und Höfe hat es sich einen großen Teil seiner Ursprünglichkeit bewahrt.

An drei Donnerstagen im Advent treiben sich hier vermummte Figuren um: Die Klöckelgruppe besteht aus mehreren in Tracht gekleideten Männern, deren Gesicht mit Strohmasken verdeckt ist. Auch sie ziehen geräuschvoll von Tür zu Tür, vertreiben dabei böse Geister und bitten um Gaben. Es gilt dabei, eine wichtige Regel zu beachten: Klopft die Klöckelgruppe an die Tür, sollte man sie jedenfalls öffnen, sonst steht Unglück ins Haus.

Mit der Hilfe von Viehglocken oder den schweizerdeutschen *Trycheln* wird das Glück im neuen Jahr gesichert.

Rezeptregister

Basteln & Dekorieren

Inspirationen für schöne Tage in der Weihnachtszeit

Advent mit Kindern

Nach dem Schneespaziergang

Warten aufs Christkind

Zu Heiligabend

Frühstück am ersten Weihnachtstag

Der zweite Weihnachtstag mit Freunden

Dank

Ein Buch entsteht niemals im Alleingang. Es lebt genauso wie die nostalgischen Geschichten, die traditionsreichen Erzählungen, die seelenwärmenden Rezepte und heimeligen Bastelarbeiten von erlesenen Zutaten, die harmonisch aufeinander abgestimmt sind und gemeinsam zu einem stimmigen, wohligen Gefühl führen. Es lebt durch die Menschen, die das, was sie tun, mit unglaublich viel Liebe und Wertschätzung füreinander tun.

Großen Dank an *Jasmin Parapatits*, die schon so lange an mich glaubt und meinen Weg begleitet. Du hast mir wieder einmal die Möglichkeit gegeben, meine Rezepte und Ideen mit der Welt zu teilen und sie lebendig werden zu lassen. Dein Vertrauen und deine Unterstützung tun so gut wie eine heiße Schokolade vor dem Kamin!

Danke, *Kathrin Gollackner*, für deine atemberaubenden Fotografien, welche alle Gerichte und Stimmungsbilder wie ein Kerzenmeer im Advent zum Strahlen gebracht haben.

Danke, *Katharina Wind*, für deinen scharfen Blick und deine wertvollen Ideen. Durch dich bekommen meine Worte erst die richtige Note und klingen wie Weihnachtsmusik.

Danke, *Magda Rawicka*, für deine sensible, harmonische und zugleich verspielte Handschrift, die auf jeder Seite zu spüren ist. Sie könnte nicht besser in diese romantische Zeit im Jahr passen.

Ein ganz besonderer Dank geht an meine Co-Autorin *Caroline Metzger*. Durch deine wunderbaren Geschichten und Erzählungen ist nun endlich Weihnachten.

Bernadette Wörndl

Team

Bernadette Wörndl
Rezepte & Foodstyling

Hat an der Wiener Kunstschule Food Art für sich entdeckt, Erfahrungen in Profiküchen gesammelt und einige Zeit in San Francisco im Chez Panisse gearbeitet. In Wien hat sie bei Babette's Spice and Books for Cooks, einem Kochbuch- und Gewürzgeschäft, Geschmäckern eine neue Note verliehen. Aus diesen Rezepten entstand schließlich ihr erstes Kochbuch – weitere durften folgten. Bernadette ist Kochbuchautorin, Foodstylistin und kreiert Hochzeitstorten. Sie entwickelt Rezepte und Konzepte und gibt regelmäßig Sauerteigbrot-Workshops.
www.bernadettewoerndl.at
Instagram: @bernadettewoerndl

Caroline Metzger
Texte

War zunächst in Publikums- und Fachverlagen tätig, heute schreibt, lektoriert, recherchiert und übersetzt sie Bücher und Reportagen zu unterschiedlichsten Themen: von traditioneller Handwerkskunst bis zur Naturwissenschaft, von Sterneküche bis zur Popkultur. Sie lebt und arbeitet in Wien.

Kathrin Gollackner
Fotografie

Entdeckte schon früh ihre Leidenschaft fürs Fotografieren. Nach dem Studium der Kommunikationswissenschaften, dem Besuch der Prager Fotoschule Österreich und vielen Reisen arbeitet sie nun als selbstständige Fotografin.
www.kathringollackner.at

Magda Rawicka
Grafik

Ist Grafikdesignerin und Illustratorin. Die gebürtige Polin lebt bereits seit 34 Jahren im schönen Wien und schätzt an der Großstadt die Abwechslung zwischen laut und leise. Ebenso ist ihr die Diversität im beruflichen Kontext wichtig. In der Gestaltung ihrer Produkte verbindet sie gleich mehrere Leidenschaften – die Begeisterung für Typografie und Illustration und die große Passion für Papier. Der Geruch eines frisch gedruckten Buches bereitet ihr jedes Mal eine besondere Freude.
www.magda-raw.at
Instagram: @magda_raw

Katharina Wind
Lektorat

Fand nach dem Studium der Germanistik und Anglistik in Deutschland und England nach Wien. Sie liebt die Schönheit der Sprache, lektoriert am liebsten Kochbücher und genießt es, Rezepte im Kopf nachzukochen und Wörter duften zu lassen.

Anna Frohmann
Illustrationen

Studierte Informatikdesign in Graz und spezialisiert sich seither auf detaillierte und dynamische Editorial- und Buchillustrationen. Zu ihren Kund:innen zählen Brands wie RedBull und Cartier und eine Vielzahl an nationaler und internationaler Verlage.
www.annafrohmann.com
Instagram: @annafrohmann

In einigen Fällen war es nicht möglich, für den Abdruck der Texte die Rechteinhaber:innen zu ermitteln. Honoraransprüche der Autor:innen, Verlage und ihrer Rechtsnachfolger:innen bleiben gewahrt.

© 2025 arsEdition GmbH, Friedrichstr. 9, D-80801 München
Alle Rechte vorbehalten · arsedition.de/service

Rezepte, Bastelanleitungen und Foodstyling: Bernadette Wörndl
Texte: Caroline Metzger
Mood- und Foodfotografie: Kathrin Gollackner
Gestaltung Cover und Innenteil: Magda Rawicka
Illustrationen: Anna Frohmann
Lektorat: Katharina Wind
Bildnachweis: S. 21: GettyImages/adele,
S. 22: GettyImages/imageBROKER/Karl-Heinz Schein,
S. 23: Shutterstock/Timelynx, S. 57: Pexels/nati,
S. 64: GettyImages/Alexandr Kolesnikov,
S. 77: Shutterstock/Victorian Traditions,
S. 161: Shutterstock/Victorian Traditions,
S. 175: Unsplash/Anup Ghag,
S. 181: Unsplash/Jamie Street

ISBN 978-3-8458-6661-1

Wir behalten uns die Nutzung unserer Inhalte für Text und Data Mining im Sinne von § 44b UrhG ausdrücklich vor.

www.arsedition.de

FSC www.fsc.org MIX Papier | Fördert gute Waldnutzung FSC® C002795